迭代

“商业新物种”经典案例

倪卫涛◎著

中国经济出版社
CHINA ECONOMIC PUBLISHING HOUSE
·北京·

图书在版编目（CIP）数据

迭代："商业新物种"经典案例／倪卫涛著.
—北京：中国经济出版社，2019.5
ISBN 978-7-5136-5573-6

Ⅰ.①迭… Ⅱ.①倪… Ⅲ.①网络经济—研究 Ⅳ.①F49

中国版本图书馆 CIP 数据核字（2019）第 039392 号

责任编辑 夏军城
责任印制 马小宾
封面设计 任燕飞

出版发行 中国经济出版社
印 刷 者 北京富泰印刷有限责任公司
经 销 者 各地新华书店
开 本 710mm×1000mm 1/16
印 张 12.25
字 数 116 千字
版 次 2019 年 5 月第 1 版
印 次 2019 年 5 月第 1 次
定 价 58.00 元
广告经营许可证 京西工商广字第 8179 号

中国经济出版社 网址 www.economyph.com 社址 北京市西城区百万庄北街 3 号 邮编 100037

本版图书如存在印装质量问题，请与本社发行中心联系调换（联系电话：010-68330607）

序　言

互联网正改变着这个世界，社交化鼻祖 Facebook 让信息分享成为现实，分享经济诞生。

共享经济使内容成为战略资源、渠道空余一张骨骼，直播、短视频使电视黯然失色，意见领袖（KOL）使传统媒体势微。

人工智能登场，区块链潮流袭来，虚拟货币市场“掘金战”正在迭起。

产业在迭代中裂变、交织、融合。从信息科技到人工智能，从无生命到赋予思维、赋予生命，新物种百花齐放。

本书对内容经济、泛娱乐、服务市场升级、新零售、云计算、人工智能、区块链等进行了全面论证和剖析；同时结合经典案例提供了翔实的运作方案，实现了方法论的落地。

这是一本互联网新经济变革史、互联网新物种演变和升级史图书。

在瞬息万变的互联网风口，如何进行知识付费、短视频等泛娱乐内容营销？如何搭上区块链快车，在电子货币时代实现个人价值？

在新旧交替的新商业浪潮中，企业如何生存和升级？企业如何转型求生？泛娱乐时代，企业如何掘金未来？服务大升级风口，企业如何战略转型？云计算、人工智能浪尖，企业如何把握机遇……

目　录

第一章　决胜内容下半场

第一节　分答战知乎

移动互联网重塑了产业经济形态，内容经济如火如荼；催生了网络新物种，网红、直播、短视频等信息碎片化成为常态。在手机等移动互联网终端，信息爆炸升级为内容大爆炸。

在知识经济领域，网红知识版分答和高端知识版知乎这对欢喜冤家硝烟不尽，胜负难分。

分答网红 PK 知乎 KOL，巅峰对决

分答首创语音付费，堪称“零售微信版”。分答自上线以来，刷爆朋友圈，赚足了眼球。“国民老公”王思聪仅凭 32 个问题便将 25.7 万元收入囊中，情感网红 Ayawawa 收益颇丰

……迅速崛起的分答成为新生网红大展拳脚的阵地。知乎凭借日积月累的知识深耕，成为高端知识分子的标配，扛起共享经济大旗，掀起一场认知狂潮。

分答用了2周时间完成了知乎2年的战绩，网络新资纷纷涌入，类似于微博初兴之时。用户倾向于窥探名人的隐私，在意名人对生活和人生的看法，分答满足了用户零距离倾听名人声音的欲望。网红新资以几近信仰的姿势挤破分答的大门，和数年前入驻微博的姿态几无差异。迷恋偶像的用户病入膏肓，痴迷于窥探偶像的私生活，不惜豪掷巨款。知乎和偶像式网络社区毫不相干；依靠生活经验、人生见解、科学之谜等高端知识保持神秘调性，本土意见领袖拔地而起。

分答的主宰是网红新资，背后是"网红经济"；知乎的主宰是网络高端用户，背后是知识经济。分答充盈不了知识经济，知乎也孕育不了"网红经济"。

分答和知乎殊途同归，谁能开出一条新道？

知乎上线"值乎"文字刮刮乐，开内容付费先河，但仅仅火一把就死。为挽回惨局，值乎推出2.0悬赏提问同样反响平平；直到知乎顺应网红经济风口，推出直播产品知乎Live。同时，分答母体在线推出付费语音产品分答，网络新贵挤破大门，火爆势头持续。瞬间，整个互联网充斥着知乎Live和分答的争执。谁能掌控知识经济的入口，扛起未来知识经济的大旗？笔者认为火爆和争论背后的导火索正是当下火势正旺的网络红人。引起这场商战的幕后推手显然是“网红经济”，而不是各自本身。知识经济的变现远非那么简单，知乎上线付费语音版值乎 3.0 失去了先入为主的机会，为时已晚。

分答和知乎所有动作都在朝着一个方向——构建知识变现所需要的场景。刮刮乐的趣味、悬赏的高价值、直播的即时、语音的亲近、“网红”的造势……都在去除知识付费大道上的草莽荆棘。分答和知乎次第入场，最终却殊途同归。分答依赖微信公众号推出“分答·专业工具版”，值乎也推出了基于微信的公众号工具包。知乎和分答围绕变现而建立的场景愈加完整。显然，它们的目标是微博、微信式生态。两者的火爆会因为网红经济而红极一时，却不会因为知识经济持续恒久。因为曲高和寡，知识经济永远是少数高端人群的饕餮盛宴，恰恰和如火如荼的“网红经济”形成强烈对照。不论分答和知乎有何差异，寻找知识变现新径虽历尽九曲回肠，终归统一。谁将成为知识变现的开拓者，还未可知，知识变现是一条不归路。

谁能摸准大众的感官体验，掌控变现秘诀？

仔细观察风口上的互联网产品，便会发现一个趋势：流量依据人的感官体验而分发。值乎刮刮乐文字分发，知乎 Live 语音文字分发，分答和知乎3.0语音分发，视频直播视听觉分发，虚拟现实（VR）视觉分发，互联网的流量随用户的个人体验而转移，知乎和分答在探索知识变现的道路上异曲同工。

不同的是知乎在知识上垂直，在载体上融合图文、语音直播，有大综合意味；分答在内容上融合影视演员、娱乐八卦，在传播载体上以语音为主。这造成知乎知识性意见领袖云集，分答网络红人霸屏的迥异局面。

因为用户的天然迥异，分答自然成为主流平台外的又一网络名人掘金之地；知乎成为知识专家、高端KOL的长居之所。分答适合网红经济，知乎适合知识经济。分答的急速火爆点燃主流平台之外的语音付费第三方阵地；知乎经过6年深耕，点滴积累，成知识经验高地。知识10年积淀，"网红"一时爆红；知识高端，"网红"大众；知识重价值，"网红"重娱乐。

沉稳知乎、锐利分答，谁能完美收官？

成败在于战略。知乎深耕知识，十年如一日，点点滴滴，聚沙成塔，终于奠定了知识经济的"一哥"地位。业界常以科技知识为核心的果壳与其对标，然而果壳和知乎在定位、气质乃至格局上千差万别。果壳的Slogan意为"科技有意思"，定位于科学经验、见解。与科学有关的生活经验、科学小组、线下阵地、科学松鼠会、十五言专栏、动漫、在线教育，与生俱来带有科学的气质，自然而纯粹、丰富而饱满。知乎却是一个综合体，内容与时政、生活、影视等联系紧密，一条算法控制，一条道走到黑，没有果壳的横向整齐划分那么清楚自然。果壳虽然简单粗暴，却将科学从垂直层面完全剖开。知乎的强项在于算法，基于用户的自然选择而筛选高端内容，用户因此可观。

果壳正因科学气质，在战略上先知乎一步，知识经验于线下变现；分答，“网红经济”的语音回答变现。不得不承认，知乎落后了。也许因为曲高和寡而被疏远，也许因为墨守成规而被遗弃，但知乎终究还是按自己的路子一步一个脚印，平稳渐进。说到底还是基因，如同阿里巴巴和腾讯。阿里巴巴系擅长战略部署，自电商、金融打开生态；腾讯系擅长打磨产品，自内容始，自成生态。网红经济玩得正大的分答，知识经济玩得也酣的知乎，两者亦是基因之别。彼此的劣势恰恰是对方的优势。分答没有知乎的沉稳渐进，知乎也没有分答的战略锐气，或者说霸气。

第二节　付费浪潮

在知识付费浪潮之下，出现了专业用户生产内容（以下简成 PUGC）纯付费平台和用户生产内容（以下简成 UGC）社区付费。以分答小讲、罗辑思维得到专栏为代表的 PUGC 专业内容付费平台和以知乎 Live、喜马拉雅 FM 付费"音频课"为代表的 UGC 付费社区，成为当下知识付费社区的两大阵营。

因此，也出现了知识付费两种模式的正歧之争。两类平台模式谁正谁歧，可从生态场景、用户付费习惯、付费机制、付费规模 4 个方面来解析。

生态现象：谁是付费新生态的缔造者？

PUGC 平台是付费模式的新物种，UGC 付费社区则是 UGC 社区高端价值内容分化，自我生态的升级进化。

在生态的缔造上，用户生产内容、平台建设生态的 UGC 社区，用户和平台互利共生，具有吸纳用户的天然优势。UGC 付费社区内容供给端则为原社区头部高端用户进化而来。基于庞大用户基数、成熟商业生态，"背靠大树好乘凉"，顺势而为，自然比 PUGC 轻松万倍。

PUGC，万丈高楼平地起，要成体系和规模，需经历千锤百炼。默多克旗下的《太阳报》迫于竞争对手的压力宣布拆除付费墙，给正在迈向内容付费大道上的开路者泼了一盆冷水。

付费不可凭空而为，需平稳渐进，一步一个脚印。分答语音问答的惨败就是铁证，因网络名人而突然引爆的分答语音仅昙花一现，终归于宁静。

知乎 Live 这样的 UGC 社区在于可以延续自身生态优势基因，顺藤摸瓜，集结知乎实现生态的自然进化。分答欲借“网红模式”贪求一劳永逸，结果却适得其反——直到小讲的出现。证明这种建立在传统小讲堂之上却又类似知乎 Live 模式的正确性。

为避免重蹈覆辙，小讲依然需要塑造足够的知识消费场景，消除“网红经济”所掩盖的知识假象，才有可能真正实现生态构建。

付费习惯：谁是用户付费行为的开拓者？

微信、微博、知乎 Live、喜马拉雅 FM 这样的 UGC 付费社区，像一个天然用户栖息地，孕育了自身生态特有的用户、文化和环境体系，在免费时代难免得意忘形。一旦进入付费领域，纵然用户基数庞大，也难免被惯性的免费思维束缚，必然要进行用户习惯的养成和适应。面对庞大的生态体系，欲让免费用户转化为付费用户，需经历一个点滴渗透的过程。

在用户付费习惯的养成上，UGC 社区显然不如得到、分答小讲这样的 PUGC 平台。PUGC 平台恰恰可以心态归零，无任何后顾之忧。登录小讲平台的用户早就做好了付费的打算，付费习惯天然自带，跨越习惯养成这个过程，无须考虑 UGC 社区用户付费习惯的养成问题。

PUGC 在商业模式和生态上，亦是一种全新重构。

PUGC 从一开始就注定了付费的必然，先发制人，精准筛选内容源、迅速聚集消费端目标用户，高效快速地建立起自己的商业付费路径；UGC 则循序渐进，细水长流，做好生态内免费用户和付费用户的利弊权衡——这正是微博、知乎 Live、喜马拉雅 FM 不紧不慢，而微信公众平台早已撕破嗓门大吼付费，却迟迟未敢实施的根本原因所在。

反观得到专栏、分答小讲步子则迈得更大。

罗振宇停播罗辑思维视频，将注意力转移至得到；分答小讲则大力集结情感、法律、育儿等各界各流大有碾压 UGC 社区的气势。

付费机制：谁能洞察用户心理，洞见未来付费机密？

PUGC 付费平台分为罗辑思维得到这种高端文字付费产品和分答小讲这种建立在传统付费模式上同时借鉴在线教育经验的语音小讲堂。得到是传统高端内容在互联网线上的付费墙，分答小讲则是传统教育培训和在线教育的合体。

本质上，它们都是传统付费模式的进化；准确地说，PUGC 平台是传统纸媒、音媒的涅槃重生。

互联网刚刚兴起时，免费浪潮欲盖弥彰，掀起互联网免费风暴。但互联网免费思维很快改变，认知盈余必然需要通过变现手段实现持续恒久。PUGC 付费平台正是建立在传统内容付费基础上，用付费阅读和教育讲堂的模式将有价值的内容重新分配给目标用户，是内容价值的一种重新认可和回归。而 PUGC 平台的垂直和专一性更容易获取游离在平台之外的目标用户，重构脱离于体系的全新生态。

UGC 社区的付费用户大多来自社区本身，基于原本免费大生态，难免会分散知识付费的注意力，培养用户付费习惯显然更难。以喜马拉雅 FM 为例，虽然集结了马云、吴晓波、马东等名人，尝试缔造知识付费领域的“双 11”，但细心观察平台本身，会发现其内容冗杂混乱。

此外，喜马拉雅平台汇集了问答、诵读、配音、游戏、特卖……多维度、全场景、生态的多样性使喜马拉雅 FM 这样的播音电台失去了原本的作用，混乱而毫无重点。这样的内容取向，事实上失去了作为一个电台的初心。

UGC 社区如此做付费，就很难像纯粹的付费平台那样，能借助平台力量推动用户付费习惯的养成。

规模效应：谁能从无到有，让知识付费成新潮？

罗辑思维得到不紧不慢，逐步吸引高、精、尖用户入驻，志在建立精英人士的高端付费学习平台。专栏付费高端用户的输出、按月按年付费，更像传统的会员模式。

贩卖财富自由的李笑来、探讨商业秘密的李翔、解读经济科学的万维钢等一众"大V"，构成了得到的精端内容源。高、精、尖内容源为稀有物种，使得到看似高高在上，但终曲高和寡，极有可能成为偏安一隅俯视一般用户的异类。

在UGC社区中，以微博为例，基于泛社交化，付费阅读、付费问答是其生态自然进化的结果。用户基数虽然庞大，但免费资讯、网红电商却占据主流，付费只能成为生态的陪衬。

反观优酷、爱奇艺等视频社区，则是当下付费的风向标。单纯文字的付费阅读因为内容的专业和枯燥与视频付费没有可比性。这由内容本身的表现形式所决定，视频形态的UGC平台机会更大、进展最快。

由此看来，UGC社区付费会因为以上因素而难成规模。

采取"小讲堂模式"的知乎live和分答小讲，形式上接近在线教育的变种，有望成为大规模付费的正确方向。

第三节　众媒之战：内容智能化

从微博崛起起算，内容随移动互联网兴盛已久。用户分发几近定局，互联网进入弯道赛段，下半场的成败决定了最后谁能拿到入场券。

百度：从徘徊到觉醒

移动转型这步棋，百度走得憋屈。斥资 18.5 亿美元收购 91 无线，联合自身体系众多的 App 在移动端“打组合拳”已是棋出险招。这只会打破百度在 PC 时代所筑起的人与信息的连接通道和格局。轻应用这步棋虽然有惊无险，但对于 App 组合拳来说无关宏旨，仅仅完成了移动入口的版图拼接。对于线下战斗力要求过硬的 O2O，在以技术为核心的百度面前仍显得有心无力。这是一场旷日持久战，直到百家号的出现。手机百度 Feed 流信息模式借助百度多年来对知识图谱和用户画像的积累，开启了新一轮内容分配，百度觉醒。

百度早已有自己的 KOL 孵化器，这便是百度百家，完全可以在自媒体时代傲视群雄。联合百家号，分居 PC 和移动两端，构成百度的内容双引擎。不仅如此，百度的百度派完成了百度对移动问答的布局，百科 TA 说完成了对高端深度知识的布局，加之百度人工智能本身对用户行为和用户数据的沉淀。李彦宏在开年内部公开信中的信誓旦旦，足以看出百度决胜内容的决心。不过百度的缺陷是产品过于分散，入口问题成谜。如何拧成一股绳发挥更大的魔力则是当务之急。

众媒时代的"最强大脑"

当下是众媒时代，各类媒体竞自由。互联网巨头开启内容军备式竞赛，开始一步步内容蚕食。腾讯系天天快报发力"芒种计划"，开拓腾讯系智能算法推荐；今日头条"千人万元"计划打造头部内容；阿里巴巴 UC 头条量子鼓励自媒体自由竞争；微博因网红经济而中兴；百度系百家号 100 亿发力 Feed 流……这种军备式竞赛是为移动后时代内容的分发战而准备，谁取得了内容的分发权便暂时性地掌握了用户的"用兵权"。除军备式竞赛外，巨头之间的分发模式或分发效率的 PK 控制更残酷。

微博、微信和今日头条被看作是众媒时代的三大巨头，三者各霸一方并试图进入各自的领地。三方源于各自的特性、定位、用户自成生态，差异化明显，形成了众媒时代的"三足鼎立"。微博的泛社交生态、微信的强社交链生态、今日头条的机器算法推荐，各有优势。未来只会是互相靠拢、学习，深入彼此的领地。

微信和今日头条免不了一场"人机大战"

微信和今日头条至今商战不下 3 个回合。2015 年初，微信为了狙击今日头条，借助搜狗 3.0 推出微信头条。但鉴于个性化推荐、内容精细化程度、平台的封闭性等原因，并没能将今日头条拉下神坛。半年之后，腾讯推出天天快报，依然阻止不了今日头条用户的指数级增长势头。为寻找突破口，腾讯逐渐开放微信生态、站外搜索、朋友圈热门文章推荐，但依然停留在传统媒体疆界。微信公众平台的社交链式推荐是用户与用户之间的信息传播。正因为微信生态的封闭性和强社交性，形成了微信朋友圈的商务社交生态和微信公众号的野蛮生长。

与微信相比，今日头条的机器推荐更顺应信息的快速传播和用户的接受需求，同微信的深度需求形成反差。这便是机器推荐和社交推荐的区别。确切地说，自今日头条始，媒体开始进入智媒时代，媒体之间的焦点大战演变为微信这样的传统媒体和今日头条为代表的机器媒体对垒。机器的引擎推荐帮助用户形成毫无障碍的阅读习惯，社交链推荐则基于深度质量推荐，形成高质高端的社交环境和用户。微信和今日头条之战的本质是媒体时代的一场“人机大战”。随着微信生态的进一步开放，避免不了“人机”的再次相逢。

“人机大战”升级版：电商的崛起

微信私密环境下用户的深度阅读和交流、微博泛社交环境下的社交和电商、今日头条机器算法推荐下的机器流、QQ 的兴趣生态，是4种截然不同的社交环境，并延伸到相应的商业生态。微信的商务社交和企业品牌圈酝酿了自媒体和企业品牌的放大；微博泛社交化的生态环境孕育了各领域的KOL、明星和"网红"；机器算法推荐的今日头条和兴趣生态对品牌孕育作用不明显，但今日特卖的试水让今日头条加入了电商行列，而QQ购物号正助力QQ电商的兴盛。笔者曾经在《媒体+时代：开启未来新商业的秘密》一书里讲述了众媒的格局和与未来商业的融合，电商将成为媒体的新战场。

"媒体+时代"的内容电商是电商巨头的新赛点，这是"人机大战"的升级版。淘宝和京东的崛起随着两强的分立而蓬勃发展，预示着内容电商大战再次上演。随着内容电商的演进，少不了人工智能的主角进入，电商战场的"人机大战"不可避免。随着"智媒时代"消费者的体验和服务需求升级，电商领域机械式竞价付费推荐和人工的低效率沟通已经不合时宜，智媒将成为未来的主宰，主导社交和电商的高效率运行。京东和淘宝的下一个战场已经来临，即为智能革命。第四次工业革命正以摧枯拉朽之势席卷全球，这正是下一个十年风口。

第四节　"大V"的抉择：知乎战头条

"学富五车、才高八斗"网络高端用户、认知盈余发源地、高端垂直的问答社区，皆是知乎的灵魂性标签，名声大噪的根本原因。

但知乎高端用户在如何变现这个问题上，却始终没有合理的答案。随着今日头条抢单签约知乎高端用户，局面终于尘埃落定。

付费风口，知乎力度不够、诚意不足

内容付费大热不久，成就的知识富豪不在少数。知乎高端用户大热数载，却空有精神上的欢愉，物质上几无所获。叫座不叫卖，成为知乎高端用户普遍的窘境。知识脱口秀《罗辑思维》主讲人罗振宇得到专栏，仅凭 20 多个付费专栏短短 1 年营收即破 2 亿，可谓一夜暴富。差别在哪里？得到新锐，知乎老道。知乎深耕知识领域近 7 载，积累了足够用户，声名鹊起，缔造了深不可测的高端知识领地。当然，其灵魂性资产是那些隐藏在背后的知识高端用户，为什么在知识付费这个风口上，知乎却没有多少起色？为什么知乎 Live 的知识讲堂不温不火，得到付费专栏却能迅速创收？

究其根本，是战略失误。太过保守，太多顾虑，映射到核心用户身上，就是知乎对高端用户的诚意不足。这导致知乎后续造血功能不足，进而错失内容付费风口。专注于趣味科学的果壳做成了在线知识付费 O2O 产品，专攻知识充区的知乎却在知识付费道路上徘徊不前。知乎 Live 终究没有脱离在线教育模式，而在线教育本身就是一种按时收费模式。周期短，课程断续，致使高端用户没有形成自己的人格，丧失了作为"大 V"的价值初衷。反观得到，包年付费，知识大腕输出的不仅仅是知识，更是价值观、世界观和人格魅力。

知乎作为知识社区的先行者，高端用户的拥有者，付费专栏的成功率要远远高于 Live 式的在线教育。无论对知乎的高阶用户还是一般忠实用户，开启付费模式，都是一个标签性事件。知识付费这种天然高端的东西，只有网络名人才能胜任。平台原本依靠这些高端用户，失去他们，还谈什么知识付费？

头条要流量，却签约知识

知乎作为高端知识平台，大可基于高端用户的人格魅力和影响收费；头条则迥然不同，签约知乎高端用户，按问答内容定时定量付费的模式，和传统媒体的内容付费在本质上没有差异。大规模的内容付费本身不受任何限制和约束，关键是用户会为此付费。例如，微信公众号的赞赏、意见领袖的图书、得到的付费专栏。

今日头条全然是一个流量平台，基于人工智能的机器算法推荐带来的是无上限的流量，其价值重心不在内容，而在广告。以目前的人工智能水平，机器的理解能力有限。基于机器算法的分发虽规模庞大，但内容大多肤浅，和知识还沾不上边，最多是新闻资讯。头条和知乎高端用户签约的真实意图，是依靠知乎高端用户的问答高质内容补充头条在问答头部内容方面的欠缺，最终目的还是提升头条在问答方面的流量，以支撑其广告价值。头条问答已经独立为悟空问答，为其输血，提升独立品牌的商业价值势在必行。

实际上，头条无法保证签约内容能达到知乎的效果。知乎土生土长的高端用户，高端深厚的知识土壤成为其知识输出的特定标签，这和头条的机器算法推荐的简明易懂资讯格格不入。因为头条和知乎的生态基因不同；知乎应该依赖知识付费生存，今日头条应依赖广告或者内容电商盈利。可以说，在头条，内容付费几乎不存在；签约知乎高端用户，就是为了流量。在商业化方面，头条应不断追求流量，知乎则应追求付费转化率。

同样学微博，谁更适合“大 V”

在产品转型上，头条和知乎都借鉴微博。前一段时间风风火火的微头条已经由头条首屏下方的中心位置替换为头条的一个用户自主选择频道，可见头条这次学习并不成功。微头条这个东西同样基于人工智能算法推荐，一张低俗照片就能聚集大量流量，进而沦为用户的营销工具。显然这个功能太低能，容易失控，从而影响整个平台的体验，这是被降权的根本原因。相反，在微博上，我们看到的是中心化流量下的相对平衡、健康的环境，关键在于合理地调控。

知乎的想法功能显然源于微博的短内容泛社交思维。知乎版的微博运用于知识、思想范畴，这成为知识环境的一个补充。可以此聚集更多的文艺青年、知识分子便捷地表达思想，更大范围的实现知识的共享和交际，进一步夯实知乎的知识生态，并实现商业化。站在知乎高端用户的角度，这是除问答外另一个提升社交影响力的工具。但这些高端用户在知乎深耕数载仅仅是为了提升影响力吗？想法引爆不了微博般的事件和热点，微头条只能沦为色情于微博的工具。相对来说，无论是资讯还是知识大腕都能共存于微博。

知乎"大V"是时候出走了，但不应是头条

国内认知盈余从知乎起源，作为专注问答社区的知乎，却在问答高端用户的扶持与战略上差强人意。付费大热，高端用户极有可能另起炉灶，转战他方。如果知乎对待高端用户继续欠缺考量，那么腕儿，你可以走了；去微博、得到上安身，去做一个"知识网红"。内容创业的终极结果就是在赚足影响力的前提下，脱离平台，自成一派。

头条是基于机器人推荐内容的资讯阵地，知乎高端用户如

果转战头条，恰恰是自降身价，离知识变现之路将渐行渐远。知乎人格化内容和头条的机械式内容极不相称，如严肃的科学知识和娱乐的八卦资讯一般，难为一体。深耕内容的知乎，如果安居一隅，保守传统，将是支撑平台生存高端用户的灾难。故作高深和童心未泯皆是互联网产品的致命缺陷，牵连受灾的不只是自身，而是服务于、生存于平台的忠实用户，甚至是拖累产业向前。

第五节 网易新闻“分而治之”

除 AT（阿里巴巴和腾讯）之外，百度、京东和网易 3 家具有生态基因的互联网巨头各有特点。百度人连接信息的简易、人连接服务的难度、人工智能的迟钝使其成为一家缺乏主次的生态型巨头；京东的电商、金融、物流将其连接成一个自营电商供求补给循环生态；网易则致力于与腾讯竞争的游戏、拓新的跨境电商、主打 O2O 模式的新闻资讯。

可以看到，5 大巨头分别依电商、游戏、金融而居，电商和金融是刚需，娱乐游戏则是未来的方向。京东和腾讯的联姻使得内容和电商有了一定的想象空间。在移动互联网元素分割的时代，对于内容的布局，百度选择了平行迁移，网易则选择了分拆融资。

内容时代进入下半场，网易商业化再探索

内容的上半场是用户的争夺，下半场则是商业化竞争。上半场早已被微信、今日头条、微博等巨头瓜分完毕；下半场业已来临，阿里头条、淘宝头条、京东达人等已经入场。阿里巴巴、腾讯、乐视、当当、豆瓣等内容巨头开始进军影视领域，分割泛娱乐这块大蛋糕。单纯的内容资讯在商业化路径上已没有优势，视频旺盛、短视频风行、直播生猛，虚拟现实（以下简称 VR）更是以超现实感的视觉体验成为当下炙手可热的内容载体。图文式内容的尴尬在于传统图文传播的单调、生硬和无趣，使其在商业化方面受阻，尤其是严肃正式的内容资讯在互联网时代不受用户关注。互联网文化盛行下的社交媒体，技术主导的个性媒体表现不俗，带走了传统内容的注意力。

视频、短视频、直播、VR 以直观、立体、丰富、生动的视听觉元素作为桥梁，提升了信息传播效率和内容表现力度，比图文内容更具真实性和感染力。视频的高效、短视频的传播性、直播的强社交性、VR 的全新视觉体验迎来了融视、听甚至触觉为一体，以融媒体为主导的新内容时代。新内容在表现形式、传播性上更有优势，而这恰恰是商业的引爆点。网易新闻之所以有分拆之意，在于网易新闻这种内容形式的落伍。若要寻求新的商业路径，独立分拆融资可以说是新的开始。不只

是网易，同时代的搜狐、新浪等新闻门户和客户端同样需要一次全新的开始。

面对整个生态体系，网易还需“分而治之”

网易新闻作为门户时代4大巨擘之一，作为网易生态的重要组成部分决定着网易转型的成功与否。从内容层面来看，网易新闻还只是网易的轻资产。网易真正的核心在于已经成熟的游戏和激流勇进的跨境电商，以及与之相辅相成的网易金融、网易邮箱等。根据网易财报数据，网易的净收入构成为：在线游戏服务占比72%；电商、邮箱及其他占比为22%；广告服务占比0.1%。由此，可以清楚地看到网易这个互联网老牌公司的绝对重心在于游戏，新开拓的跨境电商和看家本领邮箱位居其次，依赖新闻内容的广告营收占比仅为0.1%，收入甚微。数据证明，网易生态体系已经重构，新闻内容所创造的商业价值几乎可以忽略不计。

网易新闻之所以分拆，独立融资，在于新闻和游戏、电商和邮箱等服务严重失衡，整个生态不协调。游戏、电商和邮箱高歌猛进，网易新闻几乎形同摆设。只有分拆以求新生，集中精力打磨游戏以对抗来自腾讯的竞争，同时开拓跨境电商寻求更大突破。对新闻、游戏、电商、邮箱等“分而治之”，这是网易整个生态战略的必要。

作为移动入口，网易新闻何去何从？

分拆的网易新闻何去何从？不外乎融资上市，或者出售，融资上市的可能性比较大。尽量网易新闻早已失去昔日繁华，但作为资讯的入口依然可以为其带来一定的流量。虽受到富元素媒体的冲击，但并不代表已经走投无路。一度迭下神坛的今日头条因引擎推荐技术迅速兴起，趋于颓靡的新浪微博、甚至淘宝均在网红经济浪潮中再次登峰。作为内容入口的新闻客户端，如果能加持新技术的驱动，内容形式的再创造，或者更加智能、智慧的内容服务及内容生态的衍生如内容电商、内容生活服务，依然可以再续纯内容广告模式时期的辉煌。

至于出售，网易虽然并没有如阿里巴巴和腾讯一般拿到移动互联时代的门票，但依然稳居中国互联网第四极，而且几乎是唯一不凭借强劲入口的互联网公司。在电子邮件逐渐失去竞争力的移动时代，网易邮箱发展势头不减。瞄准年轻人的精神需求，深耕娱乐游戏足以和腾讯一较高下。立足泛娱乐战略，成立网易影业，开拓独特的考拉海购和建立自营电商网易严选都是网易前瞻眼光和深谋远虑的选择。腾讯、百度屡次尝试电商协以惨败告终，网易却能够与众不同，一枝独秀，这与丁磊团队的眼光和格局不无关系。

如果网易新闻出售，其亦可专注于电商、泛娱乐等优势领域。

第二章　内容创业“灰犀牛”

第一节　内容怪象

为何咪蒙、菜头可以依靠“毒鸡汤”横空出世？为何“网红”可以刷爆网络？为何沉稳低调的阑夕、keso科技类作者有大把追随者？

依靠心灵鸡汤迎合大众情绪的“网红”和凭借高冷哲理自成一派的知识分子，凭借迥异的文风和天壤之别的内容，掀起一场场烧脑风暴，形成内容领域赫然对立的“怪象”。

怪象一：严肃阅读和病毒快文针锋相对

阅读是人们精神食粮的主要来源，尤其在科技高度发达、信息极速交互的移动互联网时代，阅读触手可及。人们几乎无需任何成本，不费吹灰之力即可获取我们需要的精神食粮。但网络空间鱼龙混杂，怪象众生。低俗信息充斥其中，异类"报道"时而出没，百态尽显。自媒体成色情重灾区，"标题党"只为博取用户眼球。很多人面对极端式"毒鸡汤"和无厘头吐槽甚为欢欣，奉为口头经典，仿佛病毒袭击了"笑感"细胞，如吸了毒品一般。

但是，互联网并不缺正能量，让垃圾信息沉入海底，高端内容才能浮出水面。严肃阅读不负大众之托，在机器人"快餐式"推荐内容分发模式下，依然立于不败之地。富有涵养的知识分子对有营养的内容永远不乏饥渴的欲望。2018 年 3 月 22 日，UC 在云南大理举办了"重启严肃阅读"、UC 名家签约仪式，为严肃阅读开辟广途，内容付费渐成潮流。李笑来的《通往财富之路》、李翔的《商业内参》等在得到上的表现证明了高端、严肃阅读市场的广阔前景。鸡汤快文以病毒之势席卷，严肃阅读以付费形式高歌猛进；人工智能主导的"快餐式"阅读和人类主导的深度阅读较量才刚刚开始。

怪象二：各所用户天各一方

风口上的互联网产品生动演绎了社会万象，带火了产品的同时也成为折射人性的"照妖镜"。微信和陌陌映射出不同产品生态下人性的社交需求和姿态。高端商务社交和低俗失范社交各居一方，微博明星大腕带火的一直播和普通用户夸张出位姿势引爆的快手，成为网络各阶用户的反差写照，折射出明星大腕和普通民众的迥异现状。

明星大腕打开直播轻触屏幕，千万追随者便蜂拥而至，坐享百万真金白银。分分钟挤爆手机屏幕，对偶像的崇拜和虚荣之心高高挂起，父母用血汗换来的学费几分钟就能被熊孩子消耗殆尽。而在普通用户云集的快手上，另有一番人间奇景。“吃货武大郎”和她的丈夫“吃货高大炮”的奇葩吃播，“云南屎 ge”艰难地直播吃翔，生吞活鸡、电钻吃玉米、徒手捞蛆……这些极端变态的直播正是铤而走险的线上普通用户的无力挣扎。

第二节　付费阅读须警惕事件

微信付费阅读的消息近来响彻朋友圈，喊了大半年的内容付费终于落地。至此，付费模式借移动互联重生，免费思维遭受大冲击，高端内容又获新红利。互联网世界由一马平川进入分层阶段，迎来大变革时期。

内容变现，浓墨重彩的一笔

内容变现模式无非有三，即品牌植入、内容电商和内容付费。品牌植入为最基本模式，融合巧妙创意以最低成本达到最大效益乃显内容的价值和力量；结合热点、创意以达到最广泛的传播和影响力，重在新闻性。内容电商如日中天，随着“网红经济”和分享经济的兴起，成为当下最火爆极易变现的模式；本质在于对电商产品的定向区分和垂直分流，助力针对特定消费者便捷、优质的消费体验和服务需求，这是内容在电商时代的非凡意义。但两种模式仅为内容商业化的低级层次，内容付费才是金字塔顶端。

以内容推动与之相关的商品变现，不是内容产业的初衷，仅是内容在互联网线上的衍生商业链。付费才是内容产业的初心，凭借知识价值变现，回归知识初心，提供知识服务。新颖、稀缺、高端化等决定知识本身价值，对内容的过滤和把关务必万里挑一，这是对传统媒体构筑的机械式的内容付费的智能化升级。用户自主抉择，快速便捷地得到其需要的高端价值内容；内容创造者得到相应的回报，从而弥补传统媒体用户流失的缺陷。这正是互联网媒体对纸媒的变革和重塑，在泥泞中行走的付费墙将逐步建立。

微信红利进入深水区，“马太效应”击杀“快餐党”

移动互联网催生了一批专门推送肤浅低俗内容以博取用户眼球的网络垃圾生产者——“快餐党”。一时间，各种垃圾信息充斥网络，而深度、稀缺、新颖的网络高端应用知识严重短缺。付费内容制造商恰恰可以成为网络应用内容的把关者，去糟粕，存精华。千万级微信公众号的野蛮生长、各种生态板块的拼凑让微信生态几近饱和，“马太效应”异常明显。赞赏模式虽为最成功的内容付费模式之一，却依然难以形成类传统付费模式的规范。实现商业化，是内容产业自身升级的必须；付费模式终将完成付费墙的建立，成为内容时代的缜密漏斗。

随着微信付费阅读的逐步推进，微信生态的“快餐党”将和付费知识拥有者泾渭分明，“马太效应”进一步明晰；互联网初期的免费思维将逐步弱化，微信红利渐轻，进入深水区。随着“快餐党”的全面削弱和消退，基于微信本身的高端社交、去中心化的生态秉性，用户自主订阅和取消关注公众号，内容站队进一步成型，“劣币驱逐良币”的现象得以加速消除。用户并不会因为内容创造者应得的稿酬望而却步，付费恰恰推动了高端内容的持续生产。基于赞赏对用户付费习惯的培养，大批“快餐党”将会在微信的高端商务社交生态圈逐渐死亡，这是微信商业生态登顶的另一种姿势。

"付费墙"建立，知识商品登场

"快餐党"所创造的内容毫无营养，低质、通俗、无趣，强占了用户的有效时间。区分于高端价值付费内容，无异于骗取用户流量的"假内容"，这是互联网无缝链接而酿成的惨剧。内容付费可以区分出高端、有价值的内容，并赋予其应有的价值。价值内容同"假内容"分而治之，可以维持整个内容生态的自然运转。免费肤浅的内容和高端价值内容分别被"付费墙"隔绝在里外两侧。纵然赞赏时期已经显露无余，但"付费墙"的出现，使付费阅读更规则化，使内容彻底进入分层状态。随之而来，便是各大网络巨头的知识布局和知识经济的大爆炸。

鉴于成本和传播的限制，传统媒体几乎采取全内容付费模式；而互联网线上"付费墙"除了充当一个内容漏斗，去除"假内容"，还以深度热点、商业干货、小说连载以及和明星效应聚集付费会员……所有内容付费区间都将形成类似传统时代的专业、高端、细分的知识媒体。依附于更便捷和智能的互联网载体，专业、规范于传统媒体N倍的高端价值知识集中区将隆重登场。新一轮知识经济随着互联网内容生态的尘埃落定必将迎来大爆发，新的商品——知识将闪亮登场。

营销号和“刷量党”须警惕自取灭亡

随着在线“付费墙”的建立，价值知识内容将“快餐党”和“假内容”拒之于门外，以自身的产品化优势形成牢不可破的坚固壁垒。这是版权意识薄弱的互联网内容产业的一次革命，高端原创内容知识版权历史性地得到保护。利用在线“付费墙”实现先行付费，避免了互联网免费时代全民肆意性的无偿获取，为传统纸媒指明了重生之路。纸媒可利用自身的专业化优势，借助互联网无缝链接、巨量用户、智能可操控载体以“互联网+”模式实现华丽蜕变，知识经济大生态俨然成型。

知识经济的另一面，是营销号的每况愈下。营销定位的初衷致使账号畸形成长，肆无忌惮的“假内容”和刷量成为营销大户的家常便饭。“付费墙”的漏斗作用，使知识经济成为营销号的头号杀手，营销号的生存空间将被挤压。反过来，在付费模式构建的知识经济推动下，营销号恰恰有了更强的意识。顺势自我改良，将内容做到高端，如此方能借助营销之力为用户服务。只有实现自身的产品化，附着在产品之上的营销才会轻而易举；否则一切营销和刷量都是自欺欺人，须警惕自取灭亡。

第三节　微信指数之败局

如果说微信小程序是为了弥补线下服务的欠缺，构筑围绕微信的场景工具，形成微信的空中枢纽勉强可行，微信指数的推出则太过牵强。以微信指数判断一个人在微信上的影响力与花钱就能上名校没什么两样。

微信生态远未成型，微信指数空凭无据

微信一方面具有集去中心化的订阅号媒体功能，坐拥信息分发的第一入口；集朋友圈的链式社交功能，坐拥移动社交的头把交椅；集短语音通话功能、通话功能……另一方面却濒临悬崖的山呼海啸。微信的商业生态在何方，始终没有答案。朋友圈广告价值的骤降缩水，人工智能和智慧城市的缓慢探索；在商业变现之路上，微信不知碰了多少次壁，遭受过多少次失败。

指数是否应该建立在一个成熟的生态基础之上，是否建立在一个普适性的开放平台之上？如果说 PC 时代，百度作为一个开放的信息检索平台，鉴于数据和信息的技术集成，衡量一个关键词的热度，尚有依据；在私密的移动互联网环境下，一

个去中心化的战略集成两极生态，微信指数并无多大参考价值。在一个“马太效应”明显、熟人和商务社交频繁的体系中，无异于“公关狗”、营销者的工具；尤其是在商业气息极其浓厚的微信生态中，微信指数反而助长了肆意营销的风气。

背弃中心化初心，指数无价值可言

微信为何成功？源于去中心化；微信指数却给微信的每个用户定了标准。根据微信指数，用户被分成了三六九等，尤其是在私密、封闭环境中，形成一定的人为等级。去中心化什么意思，即排除官方干涉，用户自由发展，这导致微信公众号的野蛮生长。万丈高楼平地起与悄然寂静皆欢喜，各据一方，毫无交集。“马太效应”自然不可避免。微信指数来自已经定型的微信体系用户的数据，强者越强，弱者越弱的现状不可能在短期内改变。

微信指数因此成为一个“鸡肋”，只会助长少数高端用户的自我狂欢，助长“公关狗”、营销狂的气焰嚣张。高端用户并不构成指数的基础，并没有多少参考意义。这恰与去中心化的初心相悖，无形中形成了以少数高端用户为中心的微信系统。极简的设计，私密的生态，烧钱的运营，这是土豪的专属，暴富的利器。最具商业气息的封闭圈子，穷得仅剩下才华的普通人群却不得而入。背弃了去中心化的初心，微信指数成为少数高端用户的盛宴；对微信生态而言，有百害而无一利。

微信指数映射了微信生态的窘境

用去中心化野蛮生长，用土豪的方式碾压普通用户，用极简的产品思维构筑商务社交领域的万丈高楼……微信的特殊思维成就了部分人，微信指数便是少数人用金钱和时间铸成的名利榜。仅凭微信公众号内容分发、朋友圈链式社交、短语音通信等体系的用户和数据，微信远远构建不了生态，形成一个规范有效的指数榜。作为内容生态的点缀，类比于微博的微指数、今日头条媒体实验室，作为热点风向的判断，勉强尚可。但绝不能作为微信用户影响力判断的标准，只能是为“公关狗”、营销狂开辟了又一个掘金通路。

微信去中心化的生态造就公众号的“马太效应”，强者越强，弱者越弱。高端用户野蛮生长，普通用户再难逆袭，这是微信公众号的基本现状，几无扭转的悬念。微信指数必将助推微信高端用户的再次疯狂，生态失调在所难免。追溯微信的初心，应该是小而美、简而美、精而美的社交、商务空间。而今微信逐渐开放搜索，攻占更广阔的数据高地；小程序构建线上和线下交汇场景，攻占未曾攻克的生活服务城池。但这仅仅是一个开端，远未到微信指数登场的时候。微信公众号式野蛮生长已无可能。极简的设计，微型的社交圈，小到不能再小的体量，却臃肿不堪，微信指数正是微信生态减速、无计可施、急功近利的结果。

第四节　微信公众号为什么不能做信息流

2018 年 6 月下旬，微信 iOS 更新了 6.7.0 版本，一向岿然不动的微信公众号突然变脸搅动行业风云。微信订阅号从原来的折叠式变为类信息流展示，2018 年 7 月 24 日安卓内测版又变回原本的折叠形式，预示着微信尝试信息流宣告失败。

微信公众号本质上不能也不适合做信息流形式内容。

信息流会磨去微信意见领袖的棱角

意见领袖是内容时代才有的标签。作为注意力经济的始作俑者，KOL 一呼百应，引领着整个产业和热闻的风向，是新时代产业话语权的控制者。微信坐拥 10 亿用户，且是高产多金人士的绝对集散地。微信公众号无疑是 10 亿用户的必读日报，工作日常的精神食粮。一早的头条热闻、午间的休闲八卦、晚间的鸡汤故事，统统源于微信订阅号折叠而成的“电子杂志”。

意见领袖是 10 亿用户的风向标，掌握着用户、产业、时政等的情绪，掌控行业话语权，也是微信内容商业化的绝对倚重。微信本身是一个去中心化、精简、集合化的折叠式封闭球形生态，加之移动时代腾讯的命脉，紧凑、极简，却异常臃肿。因此，微信更适合折叠式、集合化的内容形态。无论是意见领袖的制造需要还是极简生态的基因需求，信息流与微信天生水土不适。信息流必然会破坏微信天然的内容生态，磨去意见领袖的棱角，微信公众号的价值必然会丧失。

天然制造意见领袖生态，让所有内容平台都望而生畏的老牌门户新浪旗下的微博，传承新浪博客时代的基因，成为移动时代的"接棒者"。对标微博，微信公众号的基因迥然相异，微博的意见领袖基因成为微信公众号的心头大患。微信公众号必然无法像微博信息流一样展示。基于基因，微信不忘初心，微信才能在变革之路上不栽跟头。

信息流让微信公众号沦为号类媒体

信息流是平面媒体，订阅号式折叠媒体则是立体媒体。微信已经战略定型公众号为一个意见领袖者的制造池。鉴于微信的紧凑甚至臃肿的生态，朋友圈、小程序、扫一扫、看一看堆积成山，唯有立体化内容才是其商业生态的最佳布阵。号字头的媒体越来越多，辨识度却急剧下降。大批号字头媒体所展现的形式便是平面媒体，百家号、大鱼号、封面号、头条号、快传号，甚至还有腾讯自己的企鹅号。这些媒体本质上还是博客，是以信息流展示的平面媒体，唯有信息流才是生路。

微信公众号若为信息流，不但丧失本心，还会使其商业生态缺失核心一环，必然沦为满大街号类媒体中的一员，面目全非。与大批平面媒体相争，有失初心，同质化疑症难解。在百家号、大鱼号我们根本看不到所谓的意见领袖。他们的套路已然是十几年前门户向移动时代的平行迁移，不同的仅仅是技术的提升改变了媒体的造血能力。即使有更多的自媒体在造血，内容库指数级暴涨，仍难见活灵活现、有性格、有灵魂的人格化内容和意见领袖。此种模式，除了微博的半封闭化社交模式，世间再无第二例。所有号字头媒体都在企图尝试微博模式，头条号的微头条、知乎、网易号的消息动态，却是枉然。同理，微信公众号如果成为信息流自然无棱无角，平淡无趣。

要说微信的信息流，朋友圈当是，心灵共鸣、燃爆业界的内容无时无刻不在刷新 10 亿用户的视野。虽然封闭，但其强社交性天然奏效，内容辐射力、影响力比微博更甚。这是微信生态紧凑、空间密集的天然 DNA 映射。

信息流架空微信的服务和电商

微信要做服务，这是微信乃至腾讯从未改变的初衷。而内容是服务的自然土壤。信息流孕育的服务掐指可数。微信则不然，微信是一个特殊的存在。所有的商业服务必须以内容为轴心，才能看穿肉体，窥视灵魂。球形是微信的最佳、最恰到好处的商业形态，朋友圈，向外搜一搜、看一看、附近的人依次排序。微信公众号作为外缘生态土壤不仅决定着微信生态能否二级跳跃，而且在意见领袖的制造上、话语权的控制上都是绝对掌门人。

服务和电商是微信公众号土壤的必然产物。微信的使命是连接人与服务，腾讯千方百计借微信之手解开十几年来的电商心结。大众点评、美团先后助力服务，小程序更是微信下一个十年的寄托，腾讯电商借小程序之力"死灰复燃"。但必经通道便是微信公众号的内容，每一个订阅号均承载着服务和电商需要的流量。在微信公众号形成的有性格、人格化的高端用户中，服务和电商水到渠成。信息流形态会因为内容的平铺、流量的不均衡等因素而破坏高端用户的品牌塑造格局，更完成不了服务和电商的使命。所以，微信公众号天然不合信息流，如同微博天然水土不服微信的折叠式生态。

第三章　掘金泛娱乐

第一节　QIM布局腾讯短视频

QIM作为新版QQ，接近于“短视频+微博”的视频化泛社交媒体。以短视频再次撬动内容分发，这是腾讯继微视、手机QQ端的日迹之后在短视频社交的第3次发力。年轻化已成为互联网产品的新趋势。此次改版，QQ是基于短视频风口为年轻用户群体打造的新武器。

短视频风口，腾讯卷土重来

短视频轻松、直观，顺应移动互联网时代的信息浏览、阅读和理解。短视频形式的内容极易传播，可以让信息在短时间内风靡。可以说短视频是内容创业的金字塔顶端，不仅是网络巨头必争领域，也是网络高端用户的新阵地。阿里巴巴旗下的UC浏览器在图文内容基础上发力短视频。以年投入10亿元比肩图文内容的补贴力度布局短视频，推出“大鱼合伙人”计划，达到约定的阅读量，即可得百万奖金。泛社交媒体巨头微博联合短视频社交的先行者秒拍形成了自己的视频大V矩阵，人工智能算法分发内容的巨头今日头条旗下的抖音、西瓜视频、火山小视频正处在风口浪尖，短视频战役已经打响。

除微视、日迹之外，QQ空间的短视频、微信端短视频均是腾讯在视频轻内容方面的布局，都融合在QQ和微信的社交环境里，是其生态的一个补充。已经开放申请的QQ公众空间可以说是腾讯短视频又一重磅举措。公众空间将准入条件限定为短视频用户，腾讯是要基于QQ空间打造另外一个公众号。如果纯粹为短视频源，难免和新版QQ的分发渠道产生磕碰。在发现入口，这些视频内容不仅来自QQ用户端的用户原创内容（UGC），更应该是来自QQ公众空间的专家生产内容（PUGC）。这样一来，QIM便是腾讯完成短视频布局的收官之战，水到渠成。

中心化，泛视频社交再造网络明星

不同于微信的去中心化，任其野蛮生长，QQ一直实行中心化路线。花开两朵，商业化的微信要把商业进行到底，兴趣化的 QQ 则让其乱而有序。QQ 以年轻人为核心，需通过集权循序渐进地建立生态；微信则是商业场景下的资本化，快速商业化。新版 QQ 采用类似于微博的“中央集权”模式。用户制作内容，官方则根据需要定期推荐或者系统根据用户活跃度、数据表现智能推荐优质内容，形成微博式高端用户推荐、头条、榜单、热点模式，从而在 QQ 泛视频社交环境中培养短视频高端用户。这是手机 QQ 去冗杂化，垂直发力短视频社交，决心拿下短视频这块阵地的撒手锏。

不仅微博，在腾讯系也依然可见类似的流量分发矩阵。在内容电商和“网红经济”的风口，微信购物圈就是京东基于微信入口。为在微信、手机 QQ、微信钱包 3 大流量入口布局，培育内容电商和“网红经济”，购物圈不断邀请高端用户入驻，成为商家和品牌商业化的又一筹码。购物圈是一个典型的中心化内容分发渠道。目前来看，新版短视频 QQ 的高端用户培养和购物高端用户计划并无二致；以泛视频社交发力的手 Q 新版，腾讯已经做好了准备。作为与购物圈对应的朋友圈，之所以没有形成类似中心化分发，是由于其须作为微信公众号的链式分发通道。

QQ 生态更易成为短视频起源地

众所周知，腾讯微博谢幕，包括搜狐微博、网易微博，很大一部分原因在于没有新浪微博的高端用户基因。新浪在博客时代就种下了高端用户基因，典型代表有韩寒、徐静蕾、李承鹏等。短视频同样需要高端用户的“振臂一呼，应者云集”效应。腾讯微博这方面显然不及新浪，腾讯微视终究因为腾讯微博的基因匮乏失去竞争优势，偃旗息鼓。腾讯微博环境下的微视失败了，QQ 环境下的手 Q 短视频如何？新浪微博借助基因形成了国内最大的泛社交媒体环境，手 Q 首要解决生存环境问题。

QQ 空间是老牌泛社交媒体，虽然处于半封闭半开放状态，但其用户基础根深蒂固，是唯一可以和新浪微博抗衡的泛社交媒体。除此之外，熟人社交也是 QQ 空间的优势基因，在社交黏性上比新浪微博更具优势。如果高端用户能够进入，手 Q 便可形成一个自下而上的社交生态或者说环境。即使没有多少忠实用户关注，依然可以找到被追捧的存在感；而微博完全是陌生世界，在没有形成影响力之前，千呼万唤都无济于事。此外，QQ 还有一个定位于移动社群的兴趣部落，这是一个基于兴趣而形成的族群，异常活跃。笔者运营的科技说部落，每日访问量可以达到百万。兴趣部落依然采用中心化流量分发，稿件推送实行审核机制，和购物圈、微博类似。兴趣部落的高端用户个性鲜明，种种迹象显示其在朝高端用户方向发展，“明星效应”明显。

QQ 生态短视频内容，在购物圈、微博、兴趣部落等平台致力于培育高端用户群，已做好了打造“网红”孵化器的准备。

第二节　千播大战后时代

互联网主宰的商业时代处处有风口，但风向随时会变，机遇稍纵即逝。群雄混战成为互联网商业的新常态，美团和糯米绝地逢生；网络媒体纷争愈演愈烈，只有微信和今日头条各领风骚。经历“烧钱游戏”和盲目演进多数销声匿迹，活下来的寥寥无几。

如何在后直播时代攻城拔寨成为视频直播的世纪难题。定位于游戏化社交的酸果直播借力母体 App 社交力量，走出了一条差异化路线，不失为后直播时代的一股清流。

直播泛娱乐化

特色内容的风行源于特色文化的流行，互联网催生了不同于传统的新风尚井喷。广大学生用户有充足的时间和精力浸泡于互联网，从而成为互联网的绝对生力军。互联网新文化逐渐兴盛，传统文化受到冲击。加上互联网娱乐的助推，互联网新型文娱大生态应运而生，催生了以互联网文娱为引爆点的新商业形态。驾驭互联网、文化、娱乐“三驾马车”的泛娱乐大生态无疑是当下商业的最新风向标。

酸果直播觅得先机，不仅早早切入用户精神层次的娱乐市场，而且利用智能分身精灵、抢红包等游戏化玩法，提高直播用户的留存率。通过构建泛文娱大生态，助力网络主播以娱乐方式调动用户的积极性，以游戏化社交方式活跃整个直播生态，打造区别于普通秀场的娱乐品牌，塑造大平台。在产品打磨上，酸果重在从细节入手进行个性化创新，达到区别于同类产品的差异化目的。酸果直播智能化分身精灵，可帮助主播解答经常遇到的问题，实现主播与用户的“一对一”交流。这成为视频直播的首创，在完善和强化游戏、社交双重功能的同时，用游戏化玩法丰富了用户场景。

战略差异化

通过直播玩法，网络主播直面用户实时在线互动和交流，通过虚拟礼品打赏实现商业变现，全景化实时直播实时连接，异地实时社交成为现实。随着依托视频直播化商业场景如雨后春笋般出现，千播大战不可避免。要在乱象丛生的直播产品中脱颖而出，差异化无疑是根本。

酸果直播除了在细节上超群出众，战略运营上也是高瞻远瞩，自成一派。酸果直播盛典于“双12”启动，长达近1个月的赛程共产生了年度十佳主播，以及4名才艺单向冠军。主题为“酸果之火，燎原直播”的酸果直播颁奖盛典以丰厚奖励重奖优质主播和忠实用户，以赛事活动推动整个直播生态的良性发展。酸果直播首席执行官汪敏在盛典上称，酸果直播仅仅花了2个月便推出了。酸果直播的用户数和月营收超过百万，每月环比增长率超过50%，这个数据着实漂亮。

网红主播IP化，打造超级孵化器

网红主播是直播平台的灵魂，挖掘、培养才艺主播是直播作为社会化媒体的重心战略；严格、统一、规范的主播孵化战略成为决胜直播红海的重要战术。酸果直播的高明在于建立了一套完善的网红培训师制度。依靠平台自身的优势，挖掘、培养、包装、推广和打造网络主播，将平台打造成网络主播超级孵化器，从而将平台网络主播打造成超级IP。完全不同于市场上的网络主播孵化器，酸果直播让专业网络主播指导网络主播化妆、打扮、包装、推广；培训师随时观察、记录主播的表现，和主播沟通交流，寻找、发现、打造潜质主播，做网络主播的“伯乐”。

酸果直播以游戏化社交为特色，捕捉直播新趋势和用户的兴趣点，产品跟随市场更新迭代，以保持整个直播生态的良性发展。酸果直播并非巨头大鳄所孵化的平台，没有巨大的流量支撑，没有过多的资金后盾，却稳居移动直播第二阵营前列，这是酸果差异化战略的胜利，微创新战略的必然结果。酸果直播的母体公司炼爱网络于2016年8月挂牌新三板，成为“社交+直播”第一股。酸果直播借助酸果的母体社交软件“恋恋”App的强大社交属性，实现优势互补，双向互通。无论是活跃度还是营收，均实现“1+1>2”之效，全面呈现指数级暴涨的局面指日可待。

第三节　网易云音乐变身独角兽

2017年4月11日，网易云音乐在上海召开融资发布会，宣布融资7.5亿元。上海广播电视台、上海文化广播影视集团（SMG）战略领投，芒果文创、中金佳泰基金参投。融资完成后，网易云音乐估值80亿元。出人意料，网易云音乐很快就交出了一份漂亮答卷：用户数突破3亿。

至此，网易云音乐不仅成功变身独角兽，而且顺利贴上了“国家队”标签。随着短视频发力，乐评区刷爆，网易云音乐联动行业内外合力，对在线音乐乃至整个文娱产业的发展产生重要影响。

音乐社区开启在线音乐新征程

网易云音乐不仅集结明星大腕，还将普通的独立音乐人、音乐创作者引入平台。采用资源扶持、知识产权（以下简称IP）打造、专辑推广，乃至用户订阅、用户赞赏等社交激励措施将明星大腕和独立音乐人纳入其音乐内容生产体系。以“PGUC+UGC”模式重塑在线音乐新体系，仿“网红模式”造星，打造超级文娱IP；在集结大腕引领民谣潮流的同时最大限度地吸收音乐人入驻，意在借助内容风口打造音乐IP，形成音乐领域的“新星孵化器”。平台造星势在必行，内容时代全面爆发，网易云音乐造星解决了传统音乐人在传统产业形态下无用武之地的无奈，这是互联网赐予音乐人的特权。和“网红”、自媒体、电商达人一样，网易云音乐将承载推进音乐领域的个人赋权，乃至个人IP的成功。

网易云音乐在造星的同时，必然打造适宜音乐人施展才华、利于音乐生态平稳发展的大环境。从社交入手，以音乐为核心，首创音乐社区，志在打造一个以明星大腕和音乐意见领域（KOL）为主宰的音乐社交新生态。“沦陷”了的乐评区成为用户畅聊音乐、怀念旧时光的大阵地，个性化音乐推荐机制为用户发现音乐提供了智能引擎。借短视频风口，引爆短、平、快富媒体元素成为新时尚。借乐评区引爆新社区，垂直深耕民谣音乐内容，一点点地突破，重新构建以音乐为核心，以内容、社交、电商、电台等元素为周边生态的文娱社区生态。凭借高强度的社交属性和黏性，聚集大批热爱音乐的忠实用户，借势互联网文化，泛娱乐势在必行。音乐社区将顺势而为，开启在线音乐新征途。

"互联网+"催生综艺 IP 成新潮

网易云音乐瞄准了在线音乐的新宝藏——音乐产业链大整合，"互联网+"这个桥梁催生了互联网和文娱综艺之间的聚合反应。上海广播电视台、上海文化广播影视集团（SMG）和芒果文创身后分别是中国最强的两家综艺娱乐卫视——东方卫视和湖南卫视，掌控着强劲的娱乐内容资源和渠道资源，有超强的内容制作能力和知识产权（IP）孵化能力，是传统电视媒体的"两朵金花"。网易云音乐，是社交音乐生态首创者，在线音乐"新星孵化器"。这是一次传统电视综艺媒体和互联网在线音乐媒体的历史性牵手。东方卫视和湖南卫视的内容资源和渠道资源恰恰可与网易云音乐的线上"新星孵化器"接轨，不谋而合。

这是传统电视媒体和互联网音乐的一次产业大整合。两家强势文娱电视台凭借线下资源和渠道的累积和沉淀，通过综艺选秀等节目筛选优秀音乐人；培养输送至致力于内容造星计划的网易云音乐，完成线上的资源推荐、包装策划，甚至超级 IP 的锻造，直至相应音乐作品、周边产品的商业输出。线上独立音乐人通过在线发表音乐作品，利用网易云音乐的社区资源实现作品或个人的 IP 化。亦可走向电视台，在电视台和音乐社区之间形成音乐人的资源最大化，实现音乐人个人品牌最大化，实现线上、线下的全面联动和深度交融，借助“互联网+”助推网络和电台综艺 IP 成新常态。更为重要的是，传统电视台和音乐社区的交融实现了版权互通，盘活了内容生态，实现了“1+1>2”的战略合作效果。

渠道下沉，O2O 重构文娱新生态

电商渠道下沉，新零售时代开启。在线文娱也不例外，在线音乐作为文娱产业中较为薄弱、单一的环节，渠道下沉刻不容缓。网易云音乐表示，线上线下结合是趋势，网易云音乐会做线下巡演，沉淀到二、三、四线城市。网易云音乐已拥 3 亿用户，此轮融资完结成估值 80 亿元的独角兽。庞大的线上体量，丰富的社区生态驱使渠道下沉，战略转移成为必然。随着互联网音乐产业的发展壮大，便利的互联网音乐播放器替代了传统唱片的一些功能，在音乐产业中扮演着越来越重要的角色。

在线音乐、影视、综艺等线上文娱需落地沉淀，通过线下巡演、演唱会、商业演出……实现商业变现和迭代升级；实体电视、广播等传统文娱产业需通过互联网线上渠道寻觅互联网目标用户，实现更大规模的升级和变现，线上线下一体化成为必然绝对趋势。随着互联网新文化持续盛行，泛娱乐处于高热状态，O2O 重构文娱生态新市场势不可当。互联网文娱和传统文娱通过 O2O 强势结合，必将形成指数级放大效应。上下游产业链互通，资源渠道共享，专业生产内容和用户注入，更大规模、更高效益的产业生态链形成指日可待。

第四节　腾讯音乐娱乐国际化"拼图"

环球音乐集团与腾讯音乐娱乐集团（TME）宣布签订中国大陆地区数字版权分销战略性合作协议。腾讯音乐娱乐将成为环球音乐在中国大陆地区分销业务的独家合作伙伴，并获得环球音乐海量优质曲库内容和全球知名歌手资源的运营、推广、开发等权益。

至此，腾讯音乐娱乐已完成全球 3 大唱片巨头华纳、索尼、环球音乐的国际化"拼图"；加之 QQ 音乐、酷狗音乐、酷我音乐 3 大品牌，音乐社交、移动 K 歌、直播秀场等商业形态战略布局，腾讯业已完成音乐生态上的"摊饼"棋局。

抓版权，防盗版，垒砌内容生态圈

互联网在成就传统音乐人的同时，也膨胀了在线音乐的盗版潮流，版权问题成为在线音乐的“不治之症”。为此，腾讯音乐娱乐通过对自有曲库的梳理，经由不同渠道购买、获取版权授权，为广大用户持续提供尽优质正版视听内容；腾讯音乐坚定致力于音乐新产品正版化，构筑在线音乐版权的坚固壁垒，强力狙击盗版乱象，正版化程度骤增。

将环球音乐收入囊中，腾讯音乐娱乐帝国版图俨然成型，成为当之无愧的“巨无霸”。通过增加用户体验，打击行业盗版，消除行业乱象，巩固腾讯文娱根基，腾讯音乐娱乐确立了行业领先地位。

国内，以 QQ 音乐、酷狗音乐、酷我音乐 3 大音乐拳头产品出击；国外，环球、华纳、索尼 3 大唱片巨头发力版权音乐大本营；而在腾讯音乐娱乐自身，以内容、社交、电商、O2O 为核心的泛娱乐战役早已打响。对内自我革命，对外战略布局泛娱乐。内外合力，纵横交织，俨然构筑了一道以音乐为轴心的铜墙铁壁。

经“合纵连横”这样的大动作，腾讯音乐娱乐已拥有超 1700 万张正版曲库，坐拥 6 亿月活跃用户，足以震撼其他在线音乐平台。腾讯音乐以巨量正版曲库、碾压同类的活跃用户，风口内容及泛娱乐产业强势基因在体量、版权、商业形态等方面形成对竞争产品的“全面制衡”，使其几无还手之力。

牵手环球铸音乐帝国

环球音乐在全球拥有超60个国家的音乐唱片、词曲发行版权，音乐周边和视听内容。腾讯音乐娱乐囊括QQ音乐、酷狗音乐、酷我音乐国内3大音乐服务商，拥有数字音乐播放、移动K歌、音乐直播、版权转授、广告及其衍生链业态。此次牵手，为腾讯音乐娱乐的大跨越，亦为环球音乐的大跃进。环球音乐需借用腾讯音乐娱乐线上强势资源、社交链、内容基因开疆扩土；腾讯音乐娱乐可凭环球音乐词曲版权夯实内容根基。如此，华纳、索尼、腾讯音乐娱乐便共用占领了音乐内容的入口，这和腾讯一贯的入口战略（兴趣入口QQ，商务入口微信）不谋而合。腾讯音乐娱乐就是以版权这个音乐源头为发力点，打开音乐生态入口的。

腾讯音乐娱乐的雄心是建立以内容为根基的音乐帝国。音乐社交、音乐付费、O2O演出、数字专辑、移动K歌、音乐直播……种种新商业模式在自我革命中涌现，与此相应的种种新商业场景推动腾讯泛娱乐生态蓬勃发展。腾讯音乐娱乐借此涅槃重生，推动泛娱乐大略的顺利开展。腾讯音乐娱乐和环球音乐在“腾讯乐人计划”基础上，借版权和庞大音乐人资源打造超级音乐 IP，联手腾讯音乐娱乐集团建造“中国 Abbey Road Studios”，实施音乐 O2O 新战略。随着泛娱乐战略的突飞猛进，腾讯音乐娱乐与游戏、影音、阅读等共同架构了腾讯泛娱乐战略的帝国版图，腾讯泛娱乐生态轮廓逐渐明晰。

财报实现增收，商业能力引深思

2017 年 5 月，腾讯第 1 季度财报显示，增长点主要来自增值服务，达 351.08 亿元，增速 41%，占其总营收的 71%。2018 年 1 季度财报中，数字音乐专辑等数字内容服务让腾讯社交网络收入增长了 56%。腾讯音乐娱乐在正版资源、活跃用户和增收中独占鳌头。据香港媒体消息，腾讯已开始为腾讯音乐娱乐上市寻找投行，估值达 100 亿美元。对比用户量和市盈率在合理估值之内，版权战略和音乐生态战略布局价值凸显。

2014 年始，腾讯音乐娱乐旗下的 QQ 音乐即首创数字专辑，合作过李宇春、鹿晗、苏打绿等 50 多个国内外顶级流量歌手，总销售额超 3 亿元。其数字专辑、内容付费、O2O 现场均验证了腾讯音乐娱乐版权战略和音乐生态构成其盈利双引擎，在完成的同时腾讯音乐娱乐的国际化拼图，商业化步伐也渐行渐近。

环球音乐集团数字战略执行副总裁 Michael Nash 表示，与腾讯拓展新的合作，特别是和 QQ 音乐、酷狗音乐和酷我音乐这些成功的新兴平台，将使环球音乐集团充分把握这些机会。中国消费者已广泛接受正版音乐服务，合作将进一步推动中国音乐经济的增长，使中国在全球市场占据更加重要的位置。

背靠社交巨头腾讯的腾讯音乐娱乐拥有最庞大的用户和月活跃用户，成为最先开始在财报上盈利的在线音乐集团。追根溯源，腾讯音乐娱乐的内容、社交、娱乐基因，版权战略，生态兼并，商业革新等战略布局使其先人一步，值得借鉴。

第五节　豆瓣泛娱乐化

豆瓣进军影业，这是其进军图书出版领域后又一次大胆商业化尝试。一直走在主流视线边缘的豆瓣缘何悄然回归大众视野，何以进军影业？

基因定气质，"十年一剑"

知乎如网络商圈的隐士，高端隐秘，"叫座却不叫卖"；果壳如网络商界大师，时尚前卫，却无法纵深。豆瓣的用户群是豆瓣的象征，"文青"的清新低调恰恰成了豆瓣的气质属性，十载耕耘，用户黏性和内容生态皆成。果壳的科普气象，知乎的"知识贵族"范和豆瓣的"文青"气质堪称当今中国网络商圈独有的3大文化标签。三大网站独居一隅，各霸一方。从根本上讲，三者基因本质迥然相异，基因定向决定内在气质，成为各自的内在原动力。

果壳和知乎都在尝试认知盈余的变现，以知识经济为契机，掀起共享经济浪潮。在商业变现的道路上，豆瓣并不刻意为之，而是以一种“文青”特有的生活态度，顺势而为。同体量相近的果壳、知乎相比，豆瓣自成立始，以兴趣定位，“汇聚一亿人的趣味生活”。版本虽迭代更替，兴趣主题依然一脉相承，自始至终以兴趣文化自居。由内至外文艺气息浓烈，以“文青”特别钟爱的图书、音乐、电影评论推荐为突破，平稳渐进。图书出版、影视制作是其兴趣文化培养、用户定向累积、文艺生活相随水到渠成的结果。牢牢占据当下如火如荼的泛娱乐战略制高点是由豆瓣本身的属性或者说基因所决定；而进军影业，切中当下风口正旺的泛娱乐产业，亦是豆瓣“十年磨一剑”的战略之役。

“精神角落”大升级

极少有一家网站如豆瓣那样永远气定神闲地在安静悠然的精神角落低吟浅唱，却万众瞩目。除基因之外，豆瓣更像一个励志青年，在时代更迭浪潮中激流勇进并保持本真。极少与网络巨头产生交集，更少与知乎、果壳发生直面冲突，以独有的

"文青"气质矗立于文艺的中央，自由驰骋。与其与生俱来的调性相吻合，豆瓣以推荐书影音起家，而今已为垂直领域的标配。在原创写作上，豆瓣足足奋战了4年之久。影业是豆瓣投身兴趣文化、知识聚集、文艺出版后的必然选择。相比于如火如荼的内容创业、泛娱乐战略、异常风行的超级IP，豆瓣影业似乎"起了个大早，却赶了个晚集"。

对标泛社交综合生态微博，豆瓣从兴趣生活垂直维度杀入，并形成了独具一格的气质，从而通达泛娱乐巅峰。微博综合性文化社区造就综合性产业生态，囊括社交、媒体、电商等产业，形成了一个无所不有的大生态；不仅以兴趣为核心，萌宠、搞笑、个性等新潮迭起。豆瓣则自始至终，单枪匹马，长驱直入，始终如一。从兴趣生活，至精神角落，到影视布局，以人的生活、精神享受为需求，直抵精神娱乐和商业变现的泛娱乐巅峰。电商社交化、品牌网红化、营销娱乐化是未来互联网经济的3大核心趋向，豆瓣却保持偏执的一面，文艺气质屹立不倒。在微博成为年轻用户的天堂时，豆瓣为"文青"升级"精神角落"的时机也已成熟，文艺片悄然登场。

内容生态加速商业化

连接传统和潮流，打通物质和娱乐，穿透文艺和商业，"媒体+连接"的内容时代彻底决堤，"文青"豆瓣拾掇起内容的终极蛋糕——豆瓣影业终至。且不论豆瓣进军影业成与否，单凭一向深耕电影、音乐、图书评分推荐，耕耘原创写作 4 年之久，足见豆瓣的专一。积累精准用户，孜孜不倦于原创写作，油然而生影业大略，借内容风口和知识产权（IP）浪潮，力图孕育一场“文青”自己的超级 IP。这是豆瓣十年一日、自下而上潜心于垂直生态的自然进阶，且一如既往。

偏执、坚持、不懈怠，静处于“文青”“精神角落”的豆瓣也孕育了它独有的清新和傲气，青年励志般，积极、专一。顺内容大势，豆瓣选择影视是水到渠成的自然。图书出版、FM、兴趣活动、趣味电商、影视制作是豆瓣十年的修炼；自内容而衍生的泛媒体生态，是文艺商业化新潮的极少范本。“文青”豆瓣以丝毫不损固有格调的战略大局，以低调不张扬的生活态度，于商业大潮中过得足够自在和滋润。进军影业是内容风口和豆瓣商业化运作的不二选择。

如坐针毡的知识产权（IP）战略

文艺片向来命短，为影视圈所不齿，豆瓣却是兴趣社群中最有资格扛起大旗的引领者。十年沉淀，以亿计“文青”用户、气质标签、专一精神、完美融合文艺和商业的生活态度，是豆瓣超级 IP 战略的底牌。泛娱乐的核心是打造明星 IP，而豆瓣十年沉淀的“文青标签”“文青”用户将转化为 IP 动力。

泛娱乐战略在繁华浮躁的互联网世界应运而生，"网红经济"顺势崛起。豆瓣以文艺方式打开商业化通道，具有升华"精神角落"的基因。

但是，豆瓣的"文青"格调却妨碍了它的升级之路。一改先前的电影资源整合设想，豆瓣亲自组建团队，研发和制作电影，有望做出符合豆瓣和用户的IP。但问题在于豆瓣能否一如既往地为自身生态注入新鲜血液？能否持续平衡文艺和商业？豆瓣的电影能否登上院线殿堂？以豆瓣的步伐和格调，文艺片的持续低迷，豆瓣能否走得更远？能否扛举起超级IP大旗？

电影评分上如何避嫌？阳春白雪的文艺片如何走得更远？豆瓣如坐针毡。

第六节　打造升级版"Steel stacks"

内容产业正值春天。随着人们对精神娱乐需求的逐渐走高，文化娱乐产业已成为新的引爆点。文娱产业作为内容产业的头部产业，直接决定着内容产业的风向。

放羊娱乐集团以城市居民的精神需求为契机，引进国际化文化内容，搭建线上、线下一体化文旅消费场景，营造演艺娱乐场景。在为社会提供基于内容的整合营销服务的同时，实施城市产业生态全场景战略，积极唤醒用户的消费情绪，成为城市文娱产业的新标杆。

文旅带动区域经济协同增长

数据显示，全球文旅产业创收总额已达2.3万亿美元，全球国际游客高达12亿人次。万亿美元文旅市场的另一面，是全域旅游火力不减，旅游产业渗透于各产业生态。跨界交融，成为推动区域经济发展的动力，带动区域产业高速发展。基于动漫、卡通、网游等数字技术支撑的数字文娱全面开花，“一带一路”顺势助推，文旅产业迎来史无前例的风口机遇。

移动互联网更新迭代，情感体验和场景消费需求水涨船高，引发体验经济和场景经济的全面盛行。文旅产业因其体验性、普适性、高需求性成为情感经济和场景经济的新阵地，备受欢迎。文旅产业以内容入口和无所不在的移动互联网场景构建其内外通道；在重塑产业结构的同时，驱动了区域经济高速发展，成为流行标配。

综观世界城市经济进化路径，大多为资源型、工业型、科技型、知识服务型层层推进，最终走向综合高端服务模式。鉴于全域旅游“从依靠产业发展聚集人，到依靠产业消费聚集人”的本质诉求，各地可凭借文化旅游消费加速区域经济结构优化，资源合理调配，产业发展与生活消费协同升级，战略布局城市均衡生态，推动区域经济协同增长。

城市"全场景战略商"放羊娱乐集团顺势而为，依靠移动互联网无缝连接构成场景和文旅内容产业风口双重驱动，实现从产业发展到产业消费的更新迭代，以消费促发展。这种由文旅产业带动的消费式产业升级势必重塑区域经济结构，推动城市经济的腾飞和人文底蕴的重构，从而带动区域经济的协同增长。

放羊娱乐联动政府布局文娱全场景战略

文娱产业轻重资产融合的特点，各地政府响应"要推动文化产业与旅游、体育、信息、物流、建筑等产业融合发展"的政策号召，使文化旅游产业成为推进国民经济快速发展的"顶梁柱"，成为区域产业均衡生态布局的核心推动力。因为文旅产业属于知识密集型产业，具有高知识性、高附加值、高跨界等特点，不仅可以创造社会财富，还可以提供巨大的就业机会。

在人流密集的城市，文娱产业更有其广阔天地。顺应都市居民的娱乐休闲需求，娱乐消费高速增长成为必然。基于文娱轻资产的易调用性和都市居民追求精神享乐的高需求，文娱产业将成为推动社会经济发展，满足人们精神文化生活需求的重要支撑。

文旅产品服务消费属于精神娱乐范畴的高层次需求，可与各类高端产业实现跨界结合。文娱产业大发展将推进：衍生出文娱产业链，动漫、卡通、游戏等基于数字文娱的衍生产业必然快速增长，形成内容产业的头部，助力新产业链完成升级迭代。

放羊娱乐以精神娱乐市场为契机，以移动互联网为场景，联动政府布局城市数字文旅全场景战略，发挥文旅产业在城市经济转型升级中的强劲作用。借鉴英国曼彻斯特“创意产业之都”的成功经验，放羊娱乐表示未来将联动京津冀打造集知识性、体验性、创意性、互动性和休闲性于一体的数字文旅创意产业。放羊娱乐联动政府平稳推进城市文娱全场景战略，和国家城市战略升级不谋而合。

打造升级版 Steel stacks

日前，“全场景运营商”放羊娱乐集团与唐山市政府在第13届深圳国际文化产业博览交易会上就唐山市丰南特钢厂区工业棕地改造与艺术区娱乐化改造项目签约。将唐山传统废旧厂区升级打造为集制造、文化、教育、旅游等产业于一体的城市全场景战略产业示范区。

放羊娱乐表示，将通过线上线下一体化全场景运营，实现从内容植入、内容运营到内容营销的运营闭环管理。这是放羊娱乐全场景战略的重大跨越和实践，为政企联动推动城市产业升级的标志。此次跨界合作对唐山打造工业旅游品牌，推动唐山乃至全国传统工业产业升级具有历史性意义。

全球 15 大知名演出场地之一的美国 Steel stacks 之所以取得成功，与金沙集团的资本统筹和伯利恒政府的事务支持密不可分。我们要建立"Steel stacks 式"文旅强城，自然也少不了资本和政府的双重助力。基于中国巨大的文旅产业规模和市场潜力，以全场景运营见长的放羊娱乐借力移动互联网无缝连接下的产业场景、内容闭环营销，积极联动政府战略瞄准集文化、旅游、服务、演艺等于一体的生态化产业新城，意在打造中国式升级版 Steel stacks，联手唐山市政府共同规划城市全场景生态战略布局。

放羊娱乐已形成基于放羊工社、明星空间 App、天天看看、放羊支付等板块的大文旅生态，集互联网视频、互联网金融、明星 IP 打造、O2O 巡演于一体的生态文娱体系。在满足用户个性化需求的基础上，形成连接线上线下、O2O 一体化的全场景战略并推动落地实践。放羊娱乐打造中国式全场景文娱生态城市势在必行。

第七节　游戏亚文化的"反哺效应"

游戏产业所衍生的亚文化，是连接用户的精神纽带；同时形成特定的生态圈层，进而产生完整的商业生态产业链。游戏产品的竞争本质是知识产权的竞争，而亚文化是其精神的浓缩。亚文化将游戏及其周边产品生态链连接串联并造就了游戏知识产权的灵魂。

当一款游戏积攒了足够规模用户并建立起文化认同时，经营的出发点就不仅仅限于产品本身，而要围绕游戏衍生的圈层文化进行，并形成“反哺效应”。

亚文化推动游戏知识产权（IP）消费

每一款游戏都会形成一个用户圈层，圈层中用户交流语言、习性甚至是情感逻辑和价值观都有教育的辨识度。随着圈层特征的加强，逐步形成只属于这个圈层的独有文化，就是圈层文化，即基于游戏用户的亚文化。这种文化对游戏产品的用户产生特定的影响并积淀，形成连接游戏消费者的纽带，甚至成为用户不可或缺的精神寄托，成为游戏知识产权的核心。

游戏用户是游戏产品的消费者，是游戏文化的传播者和发扬者，对游戏及游戏亚文化的传播和推动起核心作用。以游戏为媒介，游戏消费者之间借助游戏场景中的环境、地点、语言等进行沟通和交流，形成有组织的小社会，从而形成属于游戏产品特定的文化圈。用户是游戏文化的缔造者和传播者，游戏知识产权的形成和壮大自然离不开用户的支持。

圈层文化引爆游戏"生态链"

《魔兽世界》《刺客信条》《FATE》等经典游戏产品，通过知识产权运营，使其经受过时间考验，甚至突破游戏产品本身成为商业生态的主导。《魔兽世界》依靠深厚的圈层文化，衍生出无数周边商业链，渗透用户生活并不断向用户群外部辐射影响。其同名电影上映后的票房印证了圈层文化经营之于游戏知识产权举足轻重的作用。

圈层文化是游戏圈层的精神纽带，决定着游戏产品的生命周期，知识产权能否经久不衰。周边产业生态链的形成和爆发与圈层文化的特性和强度息息相关。游戏周边生态产业链经由游戏亚文化圈层连接而成，并在用户的推动下，刺激电影、剧本以及周边定制产品的全面爆发。圈层文化是保持整个游戏产业生态的灵魂，以游戏产品为引爆点撬动游戏周边生态链。

《魔兽世界》等游戏之所以能够形成超强 IP（知识产权），得益于用户的强大支撑。圈层文化推动的用户和用户、用户和产品、产品和产品之间融合和联动，进而形成超强的游戏知识产权。影视、周边产品等电商产业链组成的商业生态链呼之欲出。

亚文化构筑知识产权（IP）枢纽和闭环

以文化连接层面做得非常出色的端游 DNF（《地下城与勇士》）为例，该游戏知识产权在动漫、文学、音乐等领域都做了主动尝试，并把着重点放在圈层文化的经营与挖掘上。

首先，DNF 与多个艺术领域头部创作者进行合作，令其知识产权得到更广阔的展示空间，使知识产权文化符号在用户心中愈加深刻；并以此为牵引，鼓励用户为知识产权创作，为用户赋能；刺激基于圈层文化的知识产权生态价值输出，以此完成知识产权商业版图的扩张。亚文化是整个游戏知识产权生态圈层的连接者，从用户到游戏到周边产品无一不是游戏的亚文化圈层在起作用。

基于游戏所形成的亚文化是整个游戏的灵魂。亚文化通过内在的语言、场景、价值观甚至个人信仰将游戏用户聚集在一起，连接用户和产品，从而形成一个文化消费圈子。文化消费才是真正的消费，可保持游戏及其周边产品的长盛不衰，并形成强劲的知识产权效应。准确地说，亚文化不仅是游戏产业的灵魂，还是整个知识产权生态的桥梁和联结者，是游戏知识产权生态最核心的元素之一。

亚文化之于游戏知识产权，犹如支付之于生态。亚文化对于游戏知识产权的作用和地位如同支付对于整个商业生态的作用和地位。支付这个关卡无疑构筑了整个商业生态的闭环；同样，亚文化作为连接游戏知识产权的枢纽，构筑了整个游戏知识产权的闭环。

第八节　直播的收官战

直播大战已经持续 2 年有余，但越是火热的市场越经不起资本的摆弄。移动互联网带来的这场最直观的场景红利并没有惠及大多数人，直播战场余烟未尽。

腾讯 NOW 直播依托 QQ，虽然达到月活跃 7 亿的用户量级，但布局仍在进行中。近日，腾讯宣布开启"双十亿"补贴，对在线直播发动最后一轮攻势。

移动红利近尾声，腾讯的内容拼图

互联网风口的通病，甜蜜的蜜月期过后，随之而来的便是升级和磨合的阵痛期，这与资本膨胀下的初期竞争截然不同。上半场需要勇气和拼劲，下半场则需要成熟和静海深流，并决定整个战局的成败。

视频直播随着移动互联网碎片化浪潮的消退进入深水区。网络高端用户不再以单调的直播作为流量的入口，而是赋予其与渠道同等甚至陪衬角色。由于人工智能、云计算等技术对视频直播的加持，线上线下和行业的深度融合对直播应用的要求日益提高，移动互联网所形成的碎片化场景所带来的流量被严重削弱。多屏多渠道的流量红利已经俯拾即是，直播进入弯道赛跑阶段。

腾讯 NOW 直播宣布未来在“视频社交”和“直播生态”双剑齐发。发布“双十亿”生态扶持计划，包含 10 亿元专项资金和价值 10 亿的腾讯资源，助力优质原创内容的创作，对生产者进行奖励。奖励内容生产者已是移动互联网的常态，但腾讯这样的巨头入场将决定行业最后的格局、社交基因、内容生态。布局直播完成内容时代的拼图，腾讯下一步紧接着是人工智能的启航。

直播下半场

直播作为移动互联网时代场景化社交的一块沃土，当移动场景呈现多元化以富媒体形态时，直播亦要求如此。不单单是垂直游戏、秀场或者单纯的社交，多元化、深层次场景塑造势在必行。游戏直播起家的斗鱼、熊猫已涉足秀场直播，秀场直播出身的花椒借着“狼人杀”的热度切入游戏直播，依靠交友切入直播的映客也于近日被传由宣亚国际收购。而宣亚方面则企图开启“直播+公关”的新尝试。直播平台内容、场景、变现模式的单调让视频直播提前进入下半场。基于对技术和流量的依赖，多元化内容、深层次场景构建是直播切入的最优解。

如果说内容和场景是直播上半场的入门战，和行业深度融合的"直播+产业"及人工智能技术对直播的驱动则是下半场的进阶战。仅凭场景和流量所带来的狂欢，终是一场虚幻。和行业的深度融合，"直播+教育""直播+问政""直播+新闻""直播+娱乐"等将社会产业融入直播这个线上"照妖镜"，无疑会推动产业的升级和改造。

随着网络红利接近尾声，人工智能已成为舞台的新主角。人工智能技术以人的视觉和思维构建和创造新的场景，和之前的流量、平台、移动场景异曲同工。但场景效能却截然不一样，与新直播这种对技术高度依赖的热媒体介物不同，人工智能背后的云计算、资源协作、深层次的产业进化将是下一个决胜点。如果说内容时代一定会被蚕食，那一定是技术，人工智能将引领这个时代。

直播的收官战

用户直观体验优势和流量成本形成视频直播的"剪刀差"。热媒介带来的巨大流量却没有为平台带来真正的变现，成本输出和价值回馈极为悬殊，仅靠用户购买虚拟礼物和流量广告不足以支撑持久战。欲形成其成本输出和价值回馈的正相关，社交资源链、资本、技术支撑的体系生态是直播最后的归宿，也是直播的收官战。

腾讯 NOW 直播“双十亿”计划发力“视频社交”和“直播生态”，也是凭借 QQ 的入口孕育的用户和生态基础。视频社交和直播生态水到渠成，QQ 本身的平台、用户性质、兴趣属性、资本足以支撑腾讯布局以视频直播为基础的新生态。资本加持无疑加速了生态的形成。为什么呼声最大的微信直播迟迟未到？因为直播这种偏向泛娱乐的生态更适合年轻的学生群体切入，商务生态不宜过早切入。不过仅凭 QQ 端的 NOW 直播，腾讯已经足以笑傲直播下半场。

第九节　移动互联网提前“剧终”

卓伟被封、咪蒙被禁言，50 多个娱乐八卦大号接连被封，微信上线辟谣小程序，苹果牵手腾讯。这些表面看似乎毫无联系，实际息息相关，移动互联网时代的个人信用和生态安全走上日程。在移动生态逐渐成熟的情况下，个体和平台的信用分或健康度成为权衡其在后移动互联时代地位的核心指数。

为什么是后移动互联网时代？因为从 2009 年微博兴起起算，移动互联网已悄悄走到了第 10 个年头。互联网巨头不再单纯玩移动互联网了，而是忙于建设基于自身的闭环生态。

"眼球经济"昙花一现

"眼球经济"火爆了网红，有人说娱乐八卦也是内容经济。实际上，其内容太过肤浅，与新内容经济存在本质差别。内容创业的关键在于内容的创造，娱乐八卦甚至不需要创造，只需跟踪娱乐明星，掌握独家资料。娱乐八卦牵扯别人的隐私，有偷窥之嫌，目的在于赚取注意力；内容创业者却辛劳耕耘，输出的是知识，赚的是影响力。

过度消费公众人物隐私，借此博取社会关注度，实质是在消费基于移动互联网强社交环境的个人信用。这种依靠兜售别人隐私赚取的关注度经不起过度消费，难免昙花一现。依靠低俗的炒作、病态的"毒鸡汤"，一些网络红人积累起来的信用分、健康度、个人价值和财富也会一并荡然无存。在互联网信用体系逐渐完善，用户信用观念逐渐强化的移动互联网强社交时代，丧失信用和信誉、过分透支健康的"眼球经济"自然持久不了。

移动红利进入深水区，"马太效应"凸显

微信小程序最近大动作频繁，嵌入微信发现栏、朋友圈并列、公众号可直接推送小程序，以微信为操作系统的小程序已

经成为应用分发的超级入口。随着移动 App 纷纷进驻小程序，小程序自身更新迭代，加速进化，应用商店恐将消失。正因如此，苹果 App Store 全面改版，图标排列的 App 展现方式改为对 App 内服务的全面呈现，取消了“榜单”标签栏，加强搜索、推荐等功能。这是 App Store 从应用商店到以 iOS 为操作系统的内容生态的闭环重构；对标以微信为操作系统的小程序，可以看作是 iOS 的微信化。

不同的是，微信以内容为核，苹果则以 iOS 操作系统构建闭环生态。精于硬件的苹果和精于软件、内容的微信巧合地达成了共同结局。那就是在完成体系的战略布局之后，形成各自的生态。移动互联网格局逐渐稳定，支付宝也推出了自己的小程序，就连今日头条也开始以内容分发为核心布局搜索、社交和电商的内容帝国……可以肯定的是，分散的移动红利已经消失，互联网巨头各自以操作系统为核心的生态逐渐稳定。移动红利进入分发和变现的深水区。没有操作系统、难成生态的互联网企业将遭遇重新洗牌，移动时代的“马太效应”将全面显现。

生态意识凸显，移动互联网提前“剧终”

随着操作系统加持，巨头平台的生态意识凸显，以支付交易的终极流程而战的生态互联网浮出水面。自微信春节红包

"珍珠港事件"突袭支付宝大本营，微信逐渐缩小和支付宝支付的距离。苹果暂停 iOS 微信赞赏，接二连三地要求 App Store 内的应用支付 30%的服务费，这是在以支付体系构建自身的闭环生态。支付通道打通，应用分发体系在操作系统的操控下成型，各互联网巨头已完成整个生态的闭环拼图。

尤其重视生态安全和用户隐私。在网信办的监管施压下，凭借八卦隐私、低质毒汤、谣言博取注意力的网络大号先后被封，不足为怪。微信上线辟谣小助手小程序，苹果在 WWDC2017 大会上宣布，iOS11 联合腾讯手机管家侦测系统内垃圾信息，Safari 浏览器内置腾讯安全云库，保证用户的安全和隐私。在以 iOS 为核心的操作系统下，苹果逐渐成熟的生态已经建成，可以确保用户体验和生态安全。基于自身的闭环生态互联网时代悄然启动，单纯玩移动互联网的时代早成为过去式，提前"剧终"。

百度、阿里巴巴、腾讯（BAT）"诺曼底登陆"

在传统媒体彻底瓦解的互联网时代，内容撬开所有产业的入口。

正午阳光放弃艺人经纪业务，内容却被放在首位。在外界看来这与影视公司的格调和定位格格不入；但在正午阳光看来，恰恰是其涅槃的开始。在接连捧红靳东、王凯等艺人后，正午阳光却悄然宣布解散经纪业务，专攻内容。其实正午阳光一直以来均以影视内容创作、特效制作等为核心业务。正是基于优质的内容创作团队，优质的作品，承载这些作品的演员才得以大红大紫。

如今，天价片酬已成为常态，正午阳光核心业务影视内容制作偏偏需要压缩艺人片酬和成本，艺人经纪才可以盈利。买卖不成比例，高昂的片酬本促使其专注内容，而其在内容方面的专长成为其舍弃艺人经纪的基础条件。

艺人身价飙涨，正午阳光没有力量满足，最好的办法便是给予其自由，以助其更好地发展。即使一连凭借《伪装者》《嫌疑人 X 的献身》《琅琊榜》等热剧赚得盆满钵满，估值已达 90 亿元。正午阳光在经纪版块相对薄弱，营销团队是其软肋；与其强行兼顾经纪版块，不如专一于更为擅长的内容。

放弃艺人经纪，专注于内容才是影视公司的未来。在没有资本、大平台、内容、制作、营销、经纪一条龙的影视全产业链环境下，适合所有产业的内容才是影视公司涅槃重生的机会。正午阳光以优质内容创作打造了一个一个当红明星，这正是适合它的路径。不同于纯粹的经纪公司，营销为其重头业务，这或许是正午阳光放弃艺人经纪的根本原因。

嘉行传媒是艺人经纪领域的标杆，一部《三生三世十里桃花》火了半边天。这是为演员量身定制的剧本，显然难度系数大、成本高，与内容入口路径有着天壤之别。正午阳光显然不适合这条道路。但是可以看到，正午阳光在解散艺人经纪业务的同时，分别和靳东、王凯、刘涛成立了影视公司。这三家公司显然不会走正午阳光的老路，正午赋予它的使命便是经纪业务，这种经纪业务走的恰恰是嘉行传媒的套路。

所以，正午阳光实质上换了一种模式重振经纪业务，只是解散了其他并不知名的艺人而已。以靳东、王凯、刘涛为核心，培养类似嘉行传媒的团队才是正午的真实目的所在。这种模式成本小、见效快，有当红大腕做招牌，是正午进驻经纪的另一种姿势。当然，避免了演员天价片酬的弊端。

百度、阿里巴巴、腾讯（BAT）抢滩诺曼底

BAT入局影视是促使影视产业变革的根本力量。

阿里影业曾推出3年投入10亿元的电影人才培养"A计划"及与上海戏剧学院合作的电影人培养方案；启动新艺人招募计划，迈出艺人经纪第一步；旗下附属公司浙江东阳与合一信息（优酷）签订综艺节目合营协议，成立艺人经纪公司"酷漾娱乐"，阿里巴巴艺人经纪业务水落石出。

而艺人经纪只是阿里巴巴入局影视的"冰山一角"，大文娱产业链联动才是它的最终目的。综观阿里巴巴文娱，内容开发、影视制作、宣发营销、平台搭建……堪称一手囊括。唯独"头部艺人"支撑的艺人经纪尚待落地，酷漾娱乐只是阿里巴

巴进驻艺人造星的跳板。

BAT 另外两大巨头也不甘落后。爱奇艺在“2017 爱奇艺世界大会”中首次提出针对演员业务的“天鹅计划”，同时联合“天池表演工坊”共同打造“爱奇艺天鹅明星训练营”。腾讯影业也宣布入局艺人经纪业务，并拉上一家年轻的艺人经纪公司“撲度娱乐”作为合作伙伴，该公司掌舵人则是“羽泉”组合成员胡海泉。

BAT 正在上演一场针对影视公司的“诺曼底登陆”，从反面促进了传统影视公司乃至影视产业的变革，推动其改革和转型。解散艺人经纪，专攻自身擅长的影视内容制作，以内容撬开影视产业的入口；同时将艺人经纪以“剧本为艺人定制”模式开拓艺人经纪的新路，最大限度地降低成本支出，获取高额收益。

艺人经纪环境在互联网的左右下已经发生了根本性变化，正在接受来自互联网的洗礼和收割。内容是一个出路，基于人格化定制的内容也是。

第四章　服务大升级

第一节　团购硝烟

美团点评合并之时，糯米豪言要将200亿元砸向O2O；而今200亿元已烧大半，糯米也仅将原来19%的市场份额提升到25%。新美大虽屡屡融资，如今方实现除外卖之外的所谓基本盈利。价格战早已不是O2O的打法，提前结束补贴大战进入王兴口中的“O2O下半场”。跳出依靠价格剪刀而形成的“拉锯战”，由亏损补贴转为健康盈利。

阿里巴巴急攻O2O，构筑“生活”入口

在新美大和糯米资本激战正酣之际，阿里巴巴悄然掀起O2O攻城战。阿里巴巴和蚂蚁金服曾先后投资饿了么9亿美元

和3.5亿美元，双方在云计算和地图服务等信息系统领域连接打通，实现规模扩展和数据共享。饿了么平台商户、配送服务商、个人等资源和蚂蚁金服、芝麻信用嫁接联通，实现金融服务和大数据服务的深度融合。

近期，阿里巴巴更是在O2O领域频频出击。先是支付宝上线新版本，界面风格大变，“生活”位于菜单左下角第一位置；接着是阿里巴巴O2O入口“口碑”，然后为“朋友”。无疑，阿里巴巴将战略定位于提升生活服务、O2O、永不死心的社交构成的生活体系，构建未来以支付宝为中心的“生活”入口。与此同时，蚂蚁金服投资百盛中国5000万美元。基于百盛中国旗下的必胜客和肯德基两大品牌线下实体店的资源和实力，强势布局基于支付宝的支付场景，为阿里巴巴O2O和“生活”入口再下一城。随着阿里巴巴以退为进，折价出售新美大股份，激起美团强势反攻O2O。

种种迹象表明，阿里巴巴急速布局一个以“生活”为中心的未来入口，以守为攻；与腾讯以社交和游戏构筑的“精神”入口遥相呼应，形成中国互联网的“两极旋转”之势。

新美大急需实现商业闭环

O2O的战争路线是争夺用户价格战、技术驱动扩张效率、体验吸引交易。O2O经过千团大战、价格大战、并购大战，美团点评和百度糯米的合并成为结束用户争夺战的最后悬念。O2O 格局在资本消耗殆尽时即将迎来下半场效率和体验的平稳推进。大众点评十载耕耘沉淀的不仅仅是 2 亿用户，还是 1 亿点评所累积起来的媒体。业内人士曾认为大众点评并不是一家 O2O 公司，而是一家以“点评媒体+团购”为商业模式的公司。但是美团点评与大众合并后，点评逐渐被边缘化，成为美团的附庸。使当下新美大呈现出“美团 App+微信”的“生活”入口，而点评的入口却位于微信的二级入口，引流效果并不明显。由于点评的边缘化，美团失去了一个媒体引导流量的入口，恰恰百度糯米能给予美团的就是搜索引擎所带来的流量入口。美团点评合二为一的新美大虽然规模巨大，但是流量明显匮乏，另外技术驱动效率提升更是美团的软肋。在资本大战之际，新美大亟须利用技术来驱动服务效率的提升。而百度是以技术见长，王兴急需百度的入口和技术进入。

新美大边缘化点评，使之失去一个流量入口。合并糯米不仅可以得到一个超级流量入口，更重要的是 O2O 市场本身就是一个从线上到线下、从引流到交易、从价格到体验的全方位重资产。媒体流量入口相对而言是重资产，而今美团的战略方向已经到了以内容流量入口的轻资产为驱动力。攻占线下市场，需要绝对优质体验。由商户、用户、服务等重资产，内容信息通过流量引导用户，技术体验通过支付完成交易闭环；由价格战全面转型为内容到流量、技术、体验的高效转化，尤其是内容碎片化时代，以内容轻资产撬动服务重资产构建新时代的商业闭环成为当务之急。

百度布局 O2O，合并新美大

对百度而言，搜索引擎依然是信息服务的第一入口。从当下格局来看，除广告之外，百度流量是空占着位置而无变现之力，O2O 成为百度流量变现的最佳可能。O2O 虽然号称“市场份额第二”，但这个第二却是美团点评合并而来，依然和新美大差之千里。百度虽有流量却并未形成 O2O 所需要的核心——交易场景。支付是必然环节，百度发力金融，通过大额补贴全面推广百度钱包，为补贴准备的 200 亿元已经耗尽大半。百度一时并购 91 助手要抢夺移动分发入口，一时直达号要颠覆微信，一时要砸 O2O 200 亿元，一时要攻克人工智能，早已迷失了方向，“连接人与服务”几乎成为空谈。

百度糯米若和新美大合并，百度可将新美大的重资产与糯米、携程、去哪儿进行优化配置。因为新美大急需流量入口输血，合并新美大可将百度搜索和微信作为 2 个流量入口来驱动轻资产，再以轻资产驱动重资产，实现商业变现。百度可用新美大重资产资源联合百度钱包扩张金融服务，联合百度地图构筑更深的服务场景。效仿百度换股携程合并新美大，抵消劣势，放大优势，优化体系配置，不失走出困局的自我赋能战略。百度焦虑的是控股权问题，但有了换股携程的先例，就有沿袭借鉴的可能。宣称要独立的美团酒店业务可与携程、去哪儿的酒店业务合并，统一于在线旅行社（OTA）；独立的新美大电影可以合并到糯米影业，换取百度外卖的股权。让美团合并的外卖影业，连同O2O综合服务释放叠加效应。

第二节　外卖格局之变

在抢占O2O市场的大战中，最终生存者多半是抱了百度、阿里巴巴、腾讯（BAT）的大腿。

饿了么并购百度外卖，掀起了一场轩然大波。外卖市场由原先的饿了么、美团外卖、百度外卖"三足鼎立"变为饿了么与美团外卖的"两强争霸"。

饿了么先后合作阿里巴巴、百度，称霸外卖市场

阿里巴巴和蚂蚁金服先后出资12.5亿美元、4亿美元增持饿了么，至此阿里系对饿了么的持股比例升至32.94%，取代饿了么管理团队成为饿了么最大股东。饿了么合作阿里巴巴，占据支付宝和淘宝的首屏入口。

相关数据显示，饿了么以41.7%市场份额保持领先地位，

美团外卖以41%紧随其后，百度外卖占有13.2%的市场份额。饿了么收购百度外卖后，市场份额超五成，改变了市场格局。百度外卖以5亿美元出售，并打包流量入口资源给饿了么，作价3亿美元，年限5年，百度搜索年限2年。总收购价为8亿美元，其中2亿美元为现金。饿了么增发股份3亿美元，交易完成后百度占饿了么股份5%，剩余3亿美元锁定期为5年。

饿了么至此具有了对抗美团外卖的实力。收购百度外卖后，手机百度等成为饿了么的又一个流量入口。至此，饿了么先后结缘阿里巴巴、腾讯和百度，稳居外卖市场第一，称霸外卖市场。

阿里压制美团，百度卸掉包袱

原本阿里巴巴占股美团10%，但强势的王兴拒不接受阿里巴巴的增资；无奈阿里巴巴最终以9亿美元抛售美团股份，转而投资饿了么。几次增持之后，阿里巴巴成为饿了么的大股东。在外卖市场，饿了么并购百度外卖后，市场占有率升至第一位。阿里巴巴推动饿了么联合百度，遏制美团在外卖市场的发展。

如此，“饿了么+百度外卖”分别依靠支付宝和手机淘宝、手机百度等移动入口位置，形成了对凭借微信入口的美团外卖的对峙。百度之所以折价出售外卖，在于百度在O2O战场的劣势，无暇东顾依靠地面战和资本战的外卖，外卖对百度来说早已成为包袱。并购后百度依然持有5%股权，对百度来说这是战争的延续，但资本力度明显减弱。

百度的优势在于技术和信息，将外卖甩给饿了么，百度全面进入连接人与信息的搜索，连接智慧未来的人工智能。卸掉外卖包袱，百度将重心转向百家号。手机百度、百度人工智能交互系统 Duer OS 开放平台和智能汽车平台阿波罗（Apollo）的发力，使百度进入"ALL in 内容+AI"时代。

外卖市场终成为阿里和腾讯的竞争

外卖是对执行力和运作力要求很高的O2O领域。O2O版图经过资本大战，最后要么出局，要么被收归麾下。滴滴、美团正是得到支付宝、淘宝、微信的移动入口才得以笑到最后。

饿了么并购百度外卖后，外卖市场的竞争格局演变为实力相当的饿了么与美团外卖对峙，其背后的力量分别是阿里巴巴和腾讯，百度只是形式上的参股。阿里巴巴和腾讯各自拥有自己的入口、资本和资源，只有阿里巴巴和腾讯有条件发动O2O市场的收官之战。

外卖乃至O2O市场经过资本大战，已经进入变革期。变革的主导正是随之而来的新零售、人工智能、智慧家庭等新一轮搅局者。

第三节　连接者小程序

无一例外，互联网巨头都在向一个目标迈进——连接人与信息、人与服务、人与万物。微信公众平台陆续对外发送小程序内测邀请，小程序即微信“应用号”，是腾讯作为人和服务的连接者和聚合者。

小程序——人与服务的连接者

腾讯是一个“圆形生态”的集结者，在微信和 QQ 的周围分别形成了大众点评、58 同城、信息搜索服务搜狗搜索、电子商务京东、滴滴出行等，腾讯已经成为具有 QQ 和微信两大移动入口的巨型生态。小程序的作用是作为连接各类服务与 QQ、微信的桥梁，将日臻完善的腾讯“圆形战略”实施到底，打造紧密有序的“圆形生态”。

微信创始人张小龙早就提到要做微信应用号，做一个更轻量的公众号形态即应用号，直接连接微信和服务。而小程序是附着于微信之上，以 API 接口（操作系统留给应用程序的一个调用接口）形式连接微信和中小应用的中间地带。如果说并购是腾讯生态的逐步扩张，那么小程序就是腾讯生态的规模化接口，将原本并未形成生态的中小应用体系一并收割。微信和中小 App 通过小程序连接起来，形成一个更加充盈的服务架构，同时将服务通过连接形式嫁接到微信之上。

这是微信"圆形生态"的再扩张。小程序是微信实现立体化服务的尝试，将再塑人和服务的连接。

小程序的连接逻辑

从小程序内测信息来看，小程序主要面向开发者开放多种服务和能力以实现连接人和服务的设想。这些服务和功能包含视图、滚动视图、Swiper 等视图容器；图标、文本、进度条等基础内容；按钮、表单等表单组件；音频、图片、视频等媒体组件，地图位置服务，提供网络、数据、设备、界面、开放接口等文件操作能力。小程序囊括了 App 几乎所有的核心功能，却以轻量级的服务附着在微信巨大生态上，构筑起围绕于微信繁荣、复杂的服务生态。

小程序作为微信生态和外界连接的窗口，将所有生活服务吸纳到微信周围，为微信再增一层生态圈。

张小龙表示，小程序实现了应用"触手可及"和"用完即走"。小程序相比于普通的应用 App，无须占用过大的内存，无须安装卸载，应用自如。小程序解决了 App 的繁复流程和空间问题，并且可以"吸附"在微信之上。以微信庞大的用户和流量为支撑，实现更大规模人与服务的连接，这是微信生态轻量化叠加、精良体验的又一次大胆实验，微信将完成帝国版图的再次完整拼接。

小程序借助微信联合登录，打通开发者已有的 App 后台用户数据，但不会支持小程序和 App 直接跳转。“打通但不支持跳转”和微信连接巨型生态的“圆形生态”战略“投资但不收购”如出一辙，可以保证腾讯帝国由内到外的有序连接，实现真正的人和服务大生态的完美嫁接。小程序、订阅号、服务号、企业号是并行的关系，各司其职，互不干扰，以保持微信生态的有序进行。小程序不会只做一个应用的分发平台，其最终目的是给优质服务提供开放平台的接口，本质在于聚合应用形成一个应用的完全开放平台，是腾讯开放战略的核心构成。

应用的连接，谁将取得最后胜利

百度转型移动推出轻应用，依附于百度十几款 App 之上。由于没有形成核心、固定的用户体系和生态，信息入口仅仅保持了信息的优势，应用服务成为摆设，最后不了了之；搜狐推出的搜狐快站，依附于信息流量应用的连接，早已风光不再；QQ 推出的风铃建站如今也不温不火。究其原因在于将传统 PC 时代的建站思维嫁接于互联网。移动互联网的连接不是流量而是用户的连接，微信用户的体量和性质、商务社交 App、跨越时空的社交特性都为微信商业化奠定了不可撼动的基础。

小程序的登场，完成了微信生态的最后一块版图，水到渠成。基于微信的性质，小程序可以在微信内便捷地获取和传播信息，这是微信以技术手段连接人和服务的最后一块蓝海。不同于百度和搜狐、甚至QQ，微信的定位和本质决定了微信以小程序登录的应用号开启了移动互联网的枢纽驿站。微信之上，商业服务唾手可得，用户用完即走。小程序在微信上形成应用的检索和抓取，省去繁复的应用操作流程。以用户为基层，以用户为连接目的，微信填补了微信生态的最后一块空白；形成了类似苹果App Store（苹果应用程序商店）一般的闭环生态，从而形成以微信为轴心的操作系统，以平台"号令诸侯"。

第四节　小程序：服务版"微信"

微信只完成了人与信息的连接，深入的商业底层服务，还远远没有做到。尽管微信先后尝试服务号和微信小店，但小程序才是微信真正的福音。小程序的初心是服务领域的另一个"微信"。摩拜单车接入微信小程序，使原本平平淡淡的小程序在互联网商圈引起一阵轰动，因为共享单车极有可能成为滴滴的最后一公里。

枢纽：小程序的连接意义

完成人与信息的连接，腾讯显然不会满足于此，因为这仅仅是微信商业生态的雏形，并没有改变QQ时代的连接关系。小程序的意义在于做所有服务的连接者，不同于App的服务者。虽然小程序的初心是服务，但其仅仅是一个连接者。通过集合线下的所有服务，打通微信二维码之窗，构建线下场景；用户用完即走，并不会如App般占据手机的内存空间。相对于App来说，小程序更像移动互联网时代的连接枢纽。通过传统的方法，集合一个一个App，形成一个服务版微信。

场景的构建及服务行业的转型是实体产业到虚拟产业的真正跨越，真正的服务和内容还有一定的距离。正是因为微信干净、纯粹的内容生态和服务，电商之间的罅隙导致了服务号和微信小店的落败，所以小程序不会直接作为一个服务者来承载微信连接服务的使命。微信改变了连接战略，由线下连接服务和商户，线上连接用户。使微信内容生态相分离，线下服务回归线下，让“上帝的归上帝，恺撒的归恺撒”，这是微信商业的另一种尝试。

共享经济最后一公里，滴滴的接棒者

从滴滴到单车，微信完成从城市出行到最后一公里的拼接，并通过小程序二维码"扫一扫"窗口实现用户和单车的完美对接，在用户体验上堪称绝妙。这和小程序的"用完即走"理念不谋而合。共享单车是在线下特殊场景，通过小程序实现用户和单车之间的连接，小程序完成了它的使命。在出行共享领域，依托于小程序的共享单车成为最后一公里的"滴滴"。

滴滴依附于微信、支付宝、微博等移动入口方形成了如今的出行共享巨头，共享单车则背靠微信小程序顺势生长。不同的是，在小程序的应用环境下，如单车一样的小程序集体性爆发出生态的魅力。滴滴依附于巨型移动入口的应用必定是少数，"马太效应"明显，公正的应用环境还是去了中心化的小程序。如微信公众号般的自然进化将是小程序的未来姿势；小程序也将如微信公众号一般，等级分明，各取所需。这是张小龙对小程序的初心。

顺势而动，小程序自下而上的理念

App首先在线上建立社交或者应用载体，吸引用户、强行推广。从线上切入线下引流，连接线下。不同于App，小程序是线下场景在先，通过场景吸引用户，顺势能而动。小程序仅提供一个便捷入口，聚集用户。小程序和 App 一个是线下应用，一个是线上应用。小程序的路径是微信公众号去中心化的路径，是应用版微信的再生；朋友圈，亦是如此。微信官方几乎毫不干涉用户的个人行为，并因此形成了以个人朋友圈为阵地的微商环境。

从线下到线上，且与线上分离，这正是传统行业转型“互联网+”的正确姿势。传统产业转型“互联网+”需要从自身开始，从线下场景、线下实体中心、线下服务体验一步步走向线上。传统企业是传统环境的产物，而 App 是属于互联网的物种。传统企业转型从下而上应用小程序这个连接枢纽顺理成章，App 自上而下水到渠成。

真正的共享，若即若离的连接

知识、信息类轻量化产品可大范围地共享和受益，而出行、服务、实体经济的共享则会受到时空限制，需要寻找一个虚拟的节点如微信小程序，通过互联网连接完成更大范围的共享。服务性共享可以通过互联网实现轻量化共享，用完即走，如微信小程序。把共享变为一种信息，便唾手可得。将服务和小程序连接起来，既远离了本身内容生态，又把用户连接，为用户服务。这种模式属于轻型 O2O，不仅排除了微信的臃肿，还实现了服务共享。

微信生态是一种从内容到服务再到电商、硬件，自内而外的虚拟生态，纵然生态繁杂却须错落有致，层次分明。微信小程序恰恰可将内容和服务一分为二，通过微信小程序的枢纽作用实现服务和用户的连接；在共享经济浪潮下，形成若即若离的连接，杂而不乱。腾讯从服务号和微信小店的失败中吸取了教训，做反向减法，最终确立了微信小程序的正确方向。

第五节　小程序助力微信商业化

腾讯的"应用号"小程序基于位置服务（LBS）竞价推广，使微信基于小程序形成一个以微信为操作系统的应用分发模块。不同于之前的手机助手应用分发，在应用商店渐行渐远的情况下，小程序正逐渐取代应用分发位置。

伴随小程序站点群的形成，基于小程序群的 LBS 场景，竞价排名、小程序站点和本地生活化服务商业体系渐成，微信离商业化又近了一步。

应用商店日暮西山，移动操作系统操控应用分发

应用商店是移动互联网时代 App 的分发客户端，对标内容

分发的新闻客户端，在内容分发领域出现了今日头条、微信公众号等内容聚合体；应用领域，苹果 App store 和微信小程序成为代表。360 手机助手、豌豆荚、腾讯应用宝等应用商店曾红极一时，搭乘移动互联网快车成为应用分发的入口。但移动应用商店以手机、移动 QQ 等为载体，各自为政，让人眼花缭乱；另外，App 占据空间，且需要下载、安装，无论是开发经营成本还是使用成本都异常昂贵。于是小程序出现了。

微信小程序是腾讯基于微信轴心提升用户体验、降低产品成本等考量而开发的一款轻量级应用程序。个人用户可自行开发，成本低廉，无须下载，随时随地可用。小程序独立于微信，自成系统，使用户体验有了历史性提升。确切地说，微信即是小程序的操作系统，以微信为轴心，无数轻量级“应用号”小程序形成微信的应用服务系统。助力微信连接服务，连接各类产业入口，可弥补微信服务的版块空缺。类似基于苹果 iOS 操作系统的 App store，微信本身已成为操作系统，和苹果基于 iOS 封闭生态的 App store 不谋而合。

微信和苹果基于各自系统形成独立封闭的移动应用商店王国。依赖于智能机的各类移动应用商店日暮西山，移动操作系统操控的应用分发时代已经来临。

小程序竞价直面百度竞价，大切蛋糕

个人计算机时代的百度竞价是百度营收的重要来源，一度使百度成为中国市值最高的公司之一，跻身BAT（百度、阿里巴巴、腾讯）阵营。百度是名副其实的个人计算机时代的信息入口，信息内容和个人计算机网站在其入口下垂涎欲滴；要浮出海平面，崭露头角，付费竞价成为主要手段。出价高低决定了网站的流量，个人站、企业站的生存，很大程度上依仗于竞价。进入移动互联网时代，手机百度开启信息流式百度竞价，但无论个人计算机百度还是手机百度的竞价系统始终是一个开放式信息搜索体系。

微信小程序在微信内形成小程序集群，基于微信小程序竞价原理和百度竞价并无二致。小程序群替代百度搜索体系的网站群，成为新的竞价对象，在微信自身封闭的体系内形成商业竞价系统。微信和苹果这两个具有操作系统的应用商店不同于个人计算机时代的百度竞价体系，基于信息的检索，较为开放；也不同于普通移动应用商店依赖于手机，微信和苹果更加封闭，自成生态体系。

在移动互联网时代，微信小程序竞价无疑将切去手机百度的一块蛋糕。随着小程序的兴起，手机百度日渐式微。小程序还有一个撒手锏，便是附近的小程序，这是微信又一次杀入连接人与服务的入口。在小程序推出竞价后，本地生活服务竞价将会成为小程序最热的一个区块，必将成为微信商业化又一个重磅商业链；基于本地生活服务场景、人群大数据需求，将给用户带来千人千面，满足其个性化服务需求。这一点上，小程序竞价体系已经优于百度及手机百度竞价体系。

形成自己的竞价体系，微信商业生态愈加明朗

百度在移动转型之时，曾推出轻量版应用“轻应用”。但百度自始至终只是一个信息入口，没有微信特定的社交体系和属性，这是百度不能推出竞价应用系统的核心原因；另外，因为其信息库本身开放，难以形成苹果或者微信的闭环系统，这是百度移动转型的症结所在。

从微信“搜一搜”开始，微信已经在抢滩百度的搜索版图，而看一看、热点话题、好友都在读、要闻等自带微信社交属性的信息流已然成型。加之微信小程序竞价体系、附近的小程序和附近的人，微信跨地域连接人与人，连接人与服务。基于小程序的商业化更加明朗，那就是朋友圈私密社交，公众号聚合内容，小程序聚合本地生活服务，及以小程序激活腾讯一直没能做起来的电商。

小程序内测关键词推广，同时在腾讯 QQ 兴趣部落版块开启积分兑换关键词推广部落的竞价推广，这都是腾讯在做的搜

索竞价。微信公众号是一个去中心化的聚合媒体，商业化体现在底部广点通的变现上；朋友圈也是一个去中心化的信息流圈子，商业化体现在朋友圈广告上，两者皆有固定的定价体系。一旦小程序的竞价体系成型，将是微信广告体系的一个掘金版块，微信商业化再下一城。

第六节　微信重构硬件生态

个人计算机时代，五花八门的浏览器各显神通，争夺以个人电脑为载体的第一代流量入口；移动互联网时代，移动应用软件大展拳脚，争取以智能手机为载体的第二代流量入口……时代更迭，万物互联必不可逆，人工智能成为万物互联新的流量入口，而智能硬件则是万物互联时代人工智能的枢纽。

为此，微信推出微信 WeStore，并限量发售微信周边硬件产品，如微信笔记本、微信抱枕、微信红包贴纸等。定位于连接“智能家庭”的微信相框二代——微信相框 Plus 也悄然亮相。这些微信周边智能硬件看似微小琐碎，却蕴藏着微信开启万物互联，决胜人工智能的雄心。

智能硬件如火如荼，微信智能战略蓄谋已久

网红经济和智能硬件全面爆发。网红经济催生了以内容为核心的媒体新商业流行；智能硬件推动了以硬件为载体的物联网的进化。微博和微信两大移动互联网超级入口分别主宰了这个时代内容的进化和硬件的升级。网红经济火爆了个人知识产权，微信及其周边硬件成为连接人与人的绝对入口，开始向智能家庭蔓延，试图成为家庭与家庭的连接入口。两大移动入口发挥各自优势，攻城略地，霸占移动互联网时代的入口红利。

微信 WeStore 在名字和功能上都与苹果的 App store 极其相似。WeStore 通过微信进行智能硬件的分发，实现社交用户的平衡迁移，等价于 App store 的应用分发。以微信为核心的智能硬件分发集群及周边衍生的系列产品，自然给微信贴上了明星标签；加上微信小程序嵌入，兼具 App 分发和硬件分发，微信完成生态的下一步拼图，堪称完美。WeStore 的微信红包贴纸、微信笔记本、微信抱枕、钥匙扣、明信片以及微信相框 Plus 成为微信 WeStore 智能硬件系列的闪光点。

微信相框 Plus，打开智慧家庭的连接入口

智能硬件早已渗透个体、智能家庭、智慧城市的方方面

面，传统企业也纷纷入局。作为移动互联第一入口的微信蓄谋已久，智能硬件战早已打响。整体而言，可穿戴设备市场已日臻完善，智慧城市言之过早，眼下正是智能家庭的主战场。微信极力布局，主攻智能家庭领域，让智能生活走进千家万户是微信智能硬件的首要战略。

毋庸置疑，微信的下一个主战场便是智能家庭。周边智能硬件仅仅是前奏，定位"连接家庭"的新一代微信相框——微信相框 Plus 是其连接智慧家庭的重要窗口。微信相框 Plus 整体外观沿用了一代微信相框便于置放于台面的楔形设计，用户通过微信扫描相框自带的二维码即可完成连接。微信通过 5 年沉淀的社交用户进行迁移连接，完成了人与人的连接，仅仅通过一个二维码即可实现数以亿计的社交用户转移至微信相框。微信智能电子相框尤其适合与子女异地分居的老人。在如今的中国，大多数子女和父母异地相隔；微信相框可以很好地实现家人之间的感情连接，从而打开连接智慧家庭的路径。微信相框 Plus 最大的亮点是增加了双向视频通话功能，既可以接受视频邀请，也可以发起视频邀请。

万物互联，微信重构智能生态新十年

微信的最终目标是实现万物互联，人与人连接是第一步。微信以内容、创新、体验和服务聚集用户，成功坐上移动互联的头把交椅。微信小程序是第二步，以微信为轴心，建立属于微信生态的操作系统；以轻应用全力分发企业小应用，形成漂浮在微信生态之上的连接小枢纽，这是微信通过小程序枢纽进行的服务连接。小程序应用通过连接用户的生活或者工作等场景，从而定向连接与其相对应的目标服务人群，并通过微信支付交易入口，实现人与服务的闭环连接。

以微信相框等智能硬件为微信周边产品的 WeStore 是微信连接人、家庭、城市的战略核心要塞。微信最终的目的在于连接一切，实现万物的互联互通。万物互联是微信生态的第三步。连接人、服务之后，微信要用智能硬件进一步连接人与人之间的关系，打通未来家庭之间的智能连接，实现万物互联。这是微信下一个十年新战略——智能生态战略，从内容生态到服务生态，完成生态“三级跳”。作为移动互联网的第一入口，微信从诞生之日起，便一发不可收拾。

第七节　“互联网+猪”与“P2P（个人对个人）+猪”

“站在风口上，猪也能飞上天。”以牧芽科技、e 牧宝等为代表的“互联网+猪+金融”理财模式借“互联网+”风口兴盛。“互联网+猪+金融”模式是以个人对个人为基准的“P2P+

猪"模式，不同的是这种模式的消费端可以为投资者本人。"P2P+猪"模式背后充满变数。

"互联网+"是催化剂，不是万能牌

"互联网+"的意义在于夯实线下传统市场的渠道、资源、设施根基，借助长期积累的特定市场、人群和体验，连接线上巨量的市场、用户和资源。"互联网+"的战略重心依然在线下，产品和服务的打磨，资源和渠道的积累，体验和口碑的传播均在线下完成。直面消费者，直击用户痛点，方能满足用户基本需求。"互联网+"启动了传统产业的风火轮，打破了传统产业机械式、教条式格局，成为传统产业进化和重生的驱动力。

"互联网+"畜牧将互联网融于传统畜牧业的模式是畜牧业自我进化的自然结果。借助"互联网+"，传统畜牧业可以觅得线上资源、用户和流量，实现快速发展。但"互联网+"的作用仅止于此，可以帮助传统产业、用户，优化市场资源，成为推动市场发展和提升消费体验的催化剂，却无法成为传统产业的"万能牌"。传统产业的升级离不开线上渠道的助推，更少不了线下实体的精工打造。饲养要略、牧场环境，乃至整个体系管理才是决定"互联网+畜牧"模式成败的关键。

核心在养殖，理财仅是环节

养殖依然是“互联网+猪+金融”整个产业链的核心，理财仅仅是辅助。理财的目的是为了更好地养殖，提升产业结构，优化产业效率。养殖是核心，互联网只是渠道。建立在传统畜牧业之上的互联网金融模式，不仅因为互联网金融本身的风控难以把控，更因为传统畜牧业的天灾人祸和疾病疫情而变得棘手。

畜牧业本身是一个极其脆弱的产业，只因庞大的消费需求才使其成为传统产业中的朝阳产业，“互联网+猪”因而被推到风口浪尖。资本的匮乏促使用户借互联网金融理财，但却不能将理财作为“互联网+猪”模式的战略重心。理财的根本意义在于通过“互联网+”连接投资者和消费者，打造一个基于互联网金融的投资、养殖、牧场运转、收益、产品的闭环链接。这种模式不仅解决了畜牧业融资难问题，还从源头上助力牧场的扩大再生产，实现产销一体化，升级了传统产业结构。传统畜牧业借“互联网+”得以重生。

确保畜牧业生命线，须提防虚火

随着“互联网+”加速发展，各行各业无不渗透其中。数据显示，"互联网+畜牧"未来有望达到万亿市场规模。因而有了"互联网+猪"模式的狂飙突进。尽管畜牧业生产周期不固定，市场风云变幻，天灾时疫频频突发，对人力、管理、资本等依赖性大，但在万亿级市场的需求刺激下，大量资本纷纷涌入。网易投资建厂，专注养猪七载；专注于养羊的e牧宝获3000万元A轮融资……毋庸置疑，资本已成为畜牧业的生命线。

但个人对个人（P2P）行业跑路风潮教训不能忘，"互联网+猪+金融"模式当深思熟虑。养猪理财路径显然有资本堆积起来的虚肥之嫌，造成畜牧产业自身的资本虚火。资本过火极有可能导致线下牧场运营和线上资本累积的"剪刀差"。"互联网+畜牧"模式被鼓吹，虚高的估值难免给新兴的"互联网+畜牧"产业带来冲击。建立在传统畜牧产业之上的"互联网+猪"模式难免要跌落。飞得越高，摔得越惨。随着竞争加剧，行业危机难以避免。

"P2P+猪"模式充满变数

即使不把互联网金融作为"互联网+猪"战略的重心，因为理财体系贯穿"P2P+猪"始终，其也是风控的咽喉所在。"互联网+猪+金融"模式关系金融的风控本身、资金安全、用户效益，畜牧疫情、饲养管理甚至对牲畜的驯化等各个方面。

如何制定理财风控管理体系，如何以独特方式应对天灾人祸，成为暗藏在这种模式背后的双刃剑。在“互联网+猪”模式下，应用即软件服务类（Saas）企业管理系统于理财体系之中，以便于用户使用；在构建产销一体化闭环的同时，规避系统自身风险，成就安全稳健的“互联网+猪”模式。

“互联网+猪+金融”模式即是“P2P+猪”模式，属于个人对个人模式的变种。不但需承担个人对个人系统和模式所带来的风险，还要承担天灾人祸和市场供需变化所带来的风险。这是潜藏在“互联网+猪+金融”模式中的基本逻辑，比普通的“互联网+”、纯粹的互联网金融更为错综复杂。另外，市场供需行情跌宕起伏，价格高低不定，成为养猪理财体系的另一个问题。资本带动市场运转，市场影响资本运转，供需不定，投资者手中的钱就不安全。显然“互联网+畜牧”模式充满了变数，对于鲜少接近互联网的牧农，这将是一场考验。

第八节　教育新物种

在线教育如火如荼。在线教育不仅是互联网、移动互联网的无缝连接，足不出户的家庭式教育，线下教育内容的简单照搬，教育资源的平行迁移。在儿童教育需求与日俱增，互联网狂飙突进的当下，在线教育急需一场变革和突破。

2017 年 10 月 17 日，国内权威学术教育研讨会中国教育学会学前教育研讨会在上海隆重举行。拓维长征联合多家教育单位发起成立学前教育 STEM 联盟，并发布了云宝贝平台承载的 STEM（科学、技术、工程、数学四门学课的英文首字母缩写）主题课程。全新学前教育 App 宝贝故事 3.0，是 STEM 教育产品升级后的新物种，在线教育 2.0。

拓维长征助力学前教育 STEM 教育联盟，教育进入集团协作时代

中国教育学会学前研讨会汇聚海内外学前教育顶尖专家，是学前教育的风向标。此次研讨会汇集了国内外幼儿园、早教机构、高等院校和相关研究机构的专家、学者，千余名学前教育工作者进行了学术报告和科研成果的交流研讨，极大地推动了中国教育学会学前研讨会和 STEM 教育创新融合发展。在科创时代大背景下，学前教育行业不断创新。拓维长征作为其重要成员，参与了此次研讨会。

1996 年拓维成立，在教育软件开发与系统集成领域开疆拓土，2003 年涉足行业软件与增值服务，主营业务全面升级，并于 2008 年在深交所成功上市。2009 年始，拓维以教育为核心，全面布局移动互联网，开启转型之路。2015 年全资收购山东长征教育、海云天科技全面整合资源，成立拓维长征，加速教育

生态圈的构建。

2017学前教育研讨会上，拓维长征联合多家教育机构和单位发起学前教育STEM教育联盟。这是一个将教育资源、平台、组织和用户连接在一起基于互联网思维的线下社群。STEM教育联盟全面整合资源和用户，实现互助共赢，实现教育的协作化、集团化。至此，教育进入集团化协作、资源共享时代。拓维长征作为学前教育STEM教育联盟的发起单位之一、学前教育的领军者紧随教育协作化大潮，是对自身的转型突破，更是对教育产业转型的有力贡献。

云宝贝平台STEM主题课程，传统文化与STEM融合的新物种

研讨会上，在座国内外顶尖专家、知名学者对拓维长征旗下的幼儿在线教育服务平台云宝贝给予了充分肯定。云宝贝平台是专为幼儿园提供园所管理、家园共育、在线教学、品牌宣传整体解决方案的儿童在线学习、提升和成长的学前教育新平台。提供儿童的入园考勤、在园表现、健康食谱、学习卡等各项内容，帮助儿童轻松实现家园互动。提供海量优质儿童有声阅读图书，宝贝早期启蒙、睡前故事，是全球知名专家亲临授课集理论、方法、案例、模型、工具于一体的在线教育大讲堂。助力儿童全面健康成长，助力中国信息化幼儿园建设。

研讨会上，拓维长征发布了云宝贝平台承载的STEM主题课程。这是一种运用互联网信息化技术，将传统经典文化与STEM教育进行深度融合的主题式课程新产品，是利用互联网将传统经典文化内容全新融入在线教育课程，使儿童的学前教育更加智能化、高效化；同时能够通过互联网实现传统经典文化和内容的高质高效学习。在帮助儿童实现在线学习的同时，将新型的教育模式和教育理念传授给广大老师和家长，从而以更科学的方式帮助儿童健康、快乐地成长。拓维长征此次发布STEM主题课程，是科创化教育的重要举措，是将学前教育和STEM教育深度融合，实践科创教育的典范。

精准化分级阅读，实现个性化和特色化教学

云宝贝是在线教育模式的新实践，是对传统教育模式的一次升级。但内容才是在线教育的核心，丰富、全面、新颖、实用的内容才是在线教育立足的根本。此次研讨会上拓维长征发布了云宝贝的重磅产品——宝贝故事3.0。宝贝故事是云宝贝家庭端的精准同步分级阅读版，升级汇聚国内外10000多个知名知识产权图书系列，内容覆盖5大领域、10大素养，以及26个大主题。实现学前幼儿的精准分级阅读，对不同的儿童用不同的学习方法和学习内容，真正实现因材施教；帮助儿童实现个性化阅读和学习能力的有效提升。在座专家对其表示肯定和

赞同。

宝贝故事 3.0 版本以个性化和特色化的教育内容成为在线教育的标杆性产品。教育内容趋向个性化、精准化分布，针对不同儿童、不同学习状况、不同学习阶段来定制适合每个儿童学习和成长的课程。教学内容和成长计划更加细化，以内容制胜，以内容为突破口，让孩子学得懂、学得快、学得丰富，全面提升。云宝贝相对同类在线教育平台先人一步，抓住儿童教育的痛点和家长的关注点，将学前教育教学提到一个新高度。

“O2O+产品”新战略，“内容+服务”大生态可期

深耕教育 20 载，拓维已在“互联网+教育”领域遥遥领先，构筑了覆盖教委、学校、幼儿园和运营商的核心渠道和服务能力。截至目前，拓维已与 20 个省教委、150 多个地市教委建立了稳定的合作关系，为全国 15 个省、近 3 万所中小学、2 万所幼儿园提供教育服务。在幼教领域，以云宝贝智慧幼教平台为依托，以幼儿园园所课程和家庭幼教内容为核心的 SAAS 开放平台，为幼儿教育提供全套解决方案；同时建立了儿童成长研究院，研发、整合国内外学前教育课程及资源，打造中国儿童在线阅读平台。拓维集团打通线上、线下教育通道，在 O2O 领域独树一帜。

国内外顶尖学前教育专家、学前教育研讨会知名单位对拓

维云宝贝、宝贝故事 3.0 均给予了肯定和赞同，拓维产品全速启航。随着海云天科技、长征等教育团队加入拓维集团，线上云宝贝、宝贝故事、儿童成长研究院全面落实，O2O 教育线上线下一体化的推进，全面加速了拓维教育大战略的实施，学前教育 STEM 教育联盟集团化助力，拓维已形成了一个集教育内容、资源、平台、服务于一体的儿童学前教育大集团，其协作性和生态性功能逐渐凸显。据悉，未来拓维集团将以幼儿园为核心，以"内容+服务"新模式全面打通幼儿园和家庭的连接，构建优质的儿童成长大生态。其全新的产品、内容、服务战略已具雏形，未来大生态可期。

第九节　逆袭的哈罗单车

2018 年 5 月底，阿里巴巴首席战略官曾鸣在湖畔大学讲堂上称，"哈罗单车在一年半内逆袭摩拜和 ofo，日订单总量超过前两者之总和"。

从薄弱处杀出重围

和早期的摩拜、ofo 等不一样，哈罗单车放弃了一、二线城市，成功躲过摩拜和 ofo 的围剿。哈罗单车选择从对手最薄弱的三、四线小城市切入，逐步占领市场。

共享单车本身适合于小城市推行。在交通相对不便的三、四线城市，居民长距离出行和高频率使用场景更适合共享单车的发展生存。哈罗先占领小城市，再逐步攻陷摩拜和 ofo 守防守稳固一、二线大城市，走的是“农村包围城市”战略。“农村包围城市”战略的优势在于由弱及强，令对手猝不及防。

不同于摩拜和 ofo，首先进驻一、二线大城，哈罗单车避开了与摩拜、ofo 的正面冲突。在看似市场空间小的三、四线城市开疆拓土，收割了大量长尾用户并赢得宝贵的时间窗口，积累了口碑和运营经验。

精细化运营脱颖而出

共享单车的痼疾是管理和运营。因为数量庞大，管理和运营举步维艰。对此，哈罗单车另辟管理蹊径，采用精细化团队，网格化运营。精细化运营管理让哈罗单车脱颖而出。哈罗单车副总裁查淞城曾说，“我们将运营模式落地到一个城市，又将一个城市拆解为几百个网格，打造出网格内的运营模型，这样就降低了运营的颗粒度。运营模型的标准化流程由运营端 App 来控制，再将其复制到整个城市、复制到全国。”

普遍的逻辑数据最多能表述一个城市的翻盘率、故障率、行驶率等，哈罗单车则把数据精细化到一个网格。要做成这件事情，靠的是产品、技术和数据。在业务初期，哈罗建立了“哈勃系统”和“BOS 系统”，这让哈罗的运营效率更高。哈罗单车首席运营官韩美表示，“我们一辆车运营成本是三毛钱，同行要 1 块。这也就意味着我拿 1 亿美元，才抵得上同行的 5 亿美元。”技术实力和低价战略让哈罗单车有别于摩拜、ofo，表现出了强大的差异化竞争力。

势能战略，从运营、技术到资本

共享单车大战逐渐落幕，就在摩拜最终被美团收购、ofo 谋求独立之时，哈罗却好像刚刚开始。在精细化战略支持下哈罗先后获得多轮融资，并与永安行共享单车业务合并。获得蚂蚁金服巨额投资，傍上阿里巴巴，又不断获得新融资，哈罗单车逐渐成为重量级玩家。从最初资本市场上的弃儿到宠儿，先接入支付宝，再进驻高德地图，线上的触角布局已然展开。

哈罗初期没有现金流补贴，也未进行过大力度补贴，而是采用免押金的差异化战略。哈罗单车满足了三、四线城市居民长距离出行需求，后来居上，拉开了与其他共享单车的差距，如今估值已达 23 亿元。哈罗单车在 1 年半内逆袭摩拜和 ofo，日订单总量超过前两者之和，势头正猛。在几近散场的共享单车下半场，哈罗单车巧妙躲过与摩拜和 ofo 的正面抗争。差异化运营，进驻资本市场，将资本用在了刀刃上，这正是哈罗的势能。当然，哈罗在共享单车的下半局成功杀出，也是机遇使然。

第十节 无人售饭机

无人售饭机模式以便捷和高效、安全等优势直接冲击到传统外卖的霸主地位。能否颠覆传统外卖，我们拭目以待。

O2O平台外卖作为市场的宠儿，早已深入普通人的生活。早期的订餐平台不少已成长为行业的独角兽。尽管外卖常被诟病不健康、不环保，但不可否认外卖解决了很多人一日三餐问题。但外卖存在的食品安全、高峰期等待时间过长等问题，让无人售饭机有了可乘之机。

外卖的缺陷，无人售饭机可弥补

有了无人售饭机模式，顾客只需等待一分钟左右便可以最近取到智能售卖终端加热过的食品。无人售饭机采用冷链贮藏和运输模式，食物存放和运输都是在冷藏环境下进行，从而保持了食材的新鲜。无人售饭机将人工智能引入中餐标准化研发和食材选取、贮藏环节，很大程度上解决了O2O外卖健康、环保方面的问题。

在送餐速度上，由于是冷藏运输食物，运餐车可以在交通低峰段批量将食物送往各个智能售卖机，缩短了用户等餐时间，保证了食物的口感。O2O外卖模式在用餐高峰期很容易出现送餐超时情况，对交易双方都不利。在用户手机终端，系统会根据用户的点餐记录自动推荐其喜爱吃的菜肴，大大增加了用户黏性；同时，用户可以通过食物餐盒上的条形码追溯食材源头，提高了食材的安全性。最大的亮点——智能售卖终端，它是一个"共享冰箱"，用户下单后便会自动加热食物，使食物达到食用条件。

无人售饭机模式虽具有O2O外卖无可比拟的优势，但无人售饭机模式也有其不足之处。

饭美美的难题

无人售饭机模式搭上新零售快车，使其拥有的智能、便捷、安全等优势更加突出。冷链贮藏、冷藏运输、标准化厨房、智能售饭机等高成本运营注定其不会像外卖那么便宜，这是其普及和扩展的致命障碍。

饭美美主打高端、美味、健康，但对于用户来讲，其没有外卖便捷。外卖可以定点送到用户所在的位置，而无人售饭机只能在商场、小区、写字楼等场所设置。用户需要到固定地点取餐，一定程度上弱化了无人售饭机的便捷性。当然，高质量和便捷性不可兼得，饭美美做到这种程度已难能可贵；但是倘若饭美美不能解决成本与资金的问题，那么这种模式将很难推广。

饭美美首席执行官郝景振表示：售卖机造价不菲，铺设过程中还需要协调各方利益，难度较大。同时，售卖机的后期运营维护对整个供应链管理也是一个极大的考验。

总之，饭美美的出发点是健康的，商业模式也可谓优秀，充分结合了智能技术和 O2O 订餐行业现状。但是高的商业起点如何完美地落地在线点餐，却是一个挑战。传统 O2O 外卖的市场垄断地位，短时间内不会改变。无人售饭机模式前途漫漫，且要看它境遇如何。

无人售饭机将改变年轻人的生活方式

O2O 外卖的出现很大程度上改变了都市人的生活方式。如无人售饭机模式能成为 O2O 外卖的颠覆者，亦有可能再次改变人们的生活方式。

无人售饭机模式将给我们带来意想不到的惊喜。相比传统 O2O 外卖，作为一种智能时代的在线订餐模式，无人售饭机自然是大势所趋。但是技术和资本是其潜在的风险，无人售饭机能否盛行，还有待市场检验。

第十一节　过剩的共享经济

共享经济的确是一门好生意，却被跟风者玩坏了。火爆的共享经济已经成为一头被资本泡沫催肥的猪。试问已经被吹捧上天的猪还能飞多久？

使用权被一次性共享，哀鸿遍野

共享经济的本质是对社会闲置资源使用权低价格的团购。要满足用户日常生活对各种资源的调配需求，企业首先要建立属于自己的平台和体系，构建与之相应的商业场景，调动社会闲置资源，进而实现社会闲置资源的商业变现。其优势在于整合社会资源，优化资源配置，让整个社会资源和用户需求形成双向匹配，优势互补。

但初期共享经济为了占领市场，不惜一切代价，烧钱大战无休无止，资源入池愈演愈烈。非但没有减轻社会的压力，提升用户的生活体验，反而给社会带来负担。以共享单车为例，过度投放的单车，占据大街小巷，堵塞交通，成为城市的负担；另外，许多共享单车被严重破坏，哀鸿遍野。使用权被一次性共享，资源浪费在所难免。

伪需求、伪共享，资本泡沫严重

共享经济应集结社会的闲散资源，方便用户从而优化经济和产业结构，推动社会效益的整体提升。但如今的共享经济俨然成为基于人为的“人造经济”。竞争的加剧造成共享经济扭曲于人为和资本的驱使，造成资源的严重浪费。这是伪需求，也是一种伪共享。资本盲目跟风，一方面是市场份额、体系、场景、流量兼备的巨无霸；另一方面则是泡沫之后的哀鸿遍野。

真正可以拿来共享的，应是如出行、家政、餐饮等大多数人日常需求的高频次、高成本领域。如以滴滴、Uber 为代表的出行共享；以在行、分答为代表的知识共享；以 Airbnb 为代表的空间共享；以星域 CDN 为代表的云计算资源共享。这些有需求、有门槛的资源产业，倒是可以实现社会资源和用户双向选择的刚需产业。但共享雨伞、共享篮球和共享太空舱类物品共享，唾手可得，共享的意义和价值何在？

管理和运营的瓶颈

共享经济是集结社会空闲资源，占领市场，建立体系，形成场景，实现平台，携“用户而令天下”的过程。实现资源的统一分配，需有一个核心和根本的战略支点即资源的管控和体系的运营。共享单车、共享电瓶车、共享汽车等都未能幸免于被破坏，如何加强对资源的保护，保证体系的正常运转是一个致命难题。如何确保这个庞大系统的支付体系安全及用户隐私，如何在短时间内提升和改进用户的迭代体验都是巨大的考验。

资本所撑起的泡沫终将化作乌有，第三方体系的角色定位如何深入人心？像淘宝一样实现购物共享，如微信一样实现信息共享，显然不是跟风者所能实现。当悟空单车创始人叹息连被收购的价值都没有时，依然还有自命不凡者入局共享单车。

第五章　云计算风口

第一节　云计算格局之变

美国知名投行摩根士丹利发布报告，中国公共云市场份额约 20 亿美元，阿里云约占据 50% 的市场份额。市场研究公司 Synergy Research Group 季度数据显示，亚马逊 AWS 云服务占全球 IaaS（基础设施服务）公开市场 45% 的份额，高于微软、谷歌和 IBM 的份额总和。

目前，云计算的全球总格局是微软 Azure、谷歌 GCE、IBM Softlayer、阿里云 4 家市场份额总和也不及亚马逊 AWS。但云计算市场格局尚未尘埃落定，笔者从以下 3 个方面进行剖析。

瞄准云计算，巨头开始"攻城圈地"

2017年初，工信部印发《云计算发展三年行动计划》（以下简称《行动计划》），指出"十二五"末期我国云计算产业规模已达1500亿元，到2019年，产业规模将达4300亿元。《行动计划》不仅带动云计算提供商的发展，而且促进云计算产业链得到巨大发展。

国内，阿里云虽然以约占据50%的市场份额，牢牢占据市场第一的地位，但鉴于企业云计算服务的巨量需求，各互联网巨头纷纷出手云计算，未来格局尚未确立。早在2015年9月，腾讯云峰会上腾讯高级执行副总裁汤道生就表示，此后5年保持每年投入20亿元的水平，预计投入超过100亿元，全力进驻云计算。华为亦成立专门负责公有云的Cloud BU，专注政务云，先后将云计算版图扩展至全国115个市。

海外，也绝非亚马逊AWS一家独大。作为第一个正式在华开展国际公有云业务的企业，微软Azure已积累超过1000家合作伙伴，超8万家企业客户。另外，微软Azure已在欧洲市场占据了主导地位，正逐步缩小和云计算霸主AWS的差距。IBM收购Softlayer将X86服务器部门卖给联想，用云计算革自己的命。壮士断腕之勇，表明其决胜云计算的雄心。

云计算市场风起云涌，面对万亿级超级市场大蛋糕，巨头

“攻城圈地”运动刚刚开始。

各类云计算服务相互交织，云计算市场充满变数

面对云计算市场的巨大前景，国内巨头出海和海外巨头进驻，抢占资源成为云计算时代的新常态。在政府政策红利的驱动下，阿里云、腾讯云、UCloud（上海优创得信息科技有限公司）以及华为等纷纷借船出海，掀动中国云计算进军海外的狂潮。

海外巨头亦借船登陆，欲分得中国云计算市场一杯羹。IBM 与万达集团合作，由万达向大陆引入 IBM 云服务与认知计算解决方案，正式进军公有云业务。阿里巴巴和日本软银成立合资公司，全面进军日本市场，以 400%的增速扬威海外。此前，微软、IBM 分别与世纪互联合作，在中国落地公有云服务；亚马逊 AWS 与光环新网合作在北京地区开展商用 AWS 公有云服务；甲骨文与腾讯云全面合作包括基础设施服务（IaaS）、平台即服务（PaaS）、软件即服务（SaaS）在内的所有云服务。国内外云计算服务商精确分工，优势互补，开始云计算时代的全面交融和渗透。

当前，云计算市场的基本格局是以阿里巴巴、亚马逊、微软、IBM 等为代表的生态型服务商，以世纪互联、万国数据、网缩科技、华云数据、鹏博士等为代表的综合型服务商和以

UCloud、青云等为代表的专业级云计算服务商三大类云计算服务商相互交织，共分天下。

生态型服务商提供从基础设施构建、精细化运营到推广创收等整个生态链的一体化构筑，综合性服务商为企业提供所有基础云计算服务，垂直专业型服务商则围绕各产业为企业提供更为垂直专业的云计算服务。三大体系相互独立，自成一派。

各类云计算服务商错综交织，不断打破现有云计算市场格局，云计算市场充满变数。

垂直市场和场景新势力入局

云计算已经渗透到社会生活的方方面面，在互联网巨头构建的生态云及互联网基础设施服务商构建的综合云等催化下，云计算开始向更深层次的垂直领域进化。

专注于游戏云的金山和盛大，专注于视频云的乐视和小米，全面发力电商云、物流云以及智能云的京东，加速医疗云的百度和已获得千万美元融资的创业公司楷可信息科技（Care Cloud），企图打造教育云的华为和百度……

这些云计算市场新势力利用自身生态体系攻下生态云的夹缝空间，杀出一条符合自身属性的垂直之路，纵向切入尚未开化的横向细分市场；在生态云的边缘，纵深突破，绝处逢生。凭借无限纵深和垂直强度，力克生态云无法触达的软肋，使当前云计算格局极可能在细分云的切割下被无情撕裂。

随着人工智能技术的狂飙突进，人工智能逐步渗透云计算。谷歌将人工智能作为云计算的战略核心，通过计算机提取文本和语音转化文本双重技术获取的数据精准推新，达到对云计算服务的智慧、高效、快捷实现。

百度云升级，集云计算、大数据、人工智能三位于一体，最大限度地降低企业成本，实现了更加智能化的数据分析、应用，全面提升用户体验。随着人工智能在云计算中的地位越来越重要，对当下云计算的趋势和格局的影响已不可忽视。

随着直播和短视频的火爆，背后的场景化云服务全面凸显，在腾讯云主办的“云+视界”大会上，腾讯集团高级执行副总裁、社交网络事业群总裁汤道生明确表示：“直播+云服务”将成就下一波独角兽。直播和短视频正处于当下风口浪尖，在全新场景的塑造下，必将呈现与之相对称的云计算服务商。云计算市场在全新的场景下必将呈现全新格局。

第二节　迅雷的下一张船票

对迅雷这个始终谋求转型，市值从10亿美元缩水至2.6亿美元的互联网老兵来说，恰如久旱逢甘霖。随着各类企业对大规模资源、服务、运算等消费需求的扩大，云计算有望成为迅雷的下一张船票。

迅雷和它失去的一个时代

创立于2002年10月的迅雷作为下载领域的先驱，曾被视为下一个"腾讯"，用户达4亿之多，几乎可匹敌当时的社交巨头QQ。但迅雷最终并未能成为另一个腾讯，追根溯源，在于下载这种互联网服务形成不了如QQ般的社交基因。QQ聚积用户而成社交入口，即时沟通成社交生态；迅雷则"用完即走"，成为留不住用户的终端。

一般来说，一个应用"用完即走"意味着其处于整个生态的末端或终结。如微信小程序，张小龙之所以倡导"用完即走"理念，根本原因在于微信生态渐成，闭环已定，小程序成为整个生态系统的顶层，甚至成为漂浮在微信周围的小枢纽。小程序和微信实现连接，用完即走，是为了免去App的安装，却并不会因此流失用户，以退为进，反而是生态的再扩大。迅雷则不同，下载完成即为结束，是真正的"用完即走"。可以说，迅雷是单一的下载体系，无生态可言，不能成为另一个腾讯也是预料中的事。

迅雷一度谋求转型，试图以浏览器布局下载入口，试图以流媒体扼住视频消费升级的咽喉。但内容和销售偏离了迅雷的初衷，自然无疾而终。以下载起家的迅雷，手机应用商店应是其升级的必然环节；遗憾的是，迅雷并没有抓住这一本应该属于自己的机会。迅雷的入口升级、移动转型全军覆没。迅雷在转型的道路上徘徊不前，这让迅雷失去了整个移动互联网时代。

迅雷的转型路伴随着上市路，同样充满坎坷和波折。五次向美国证券交易委员会（SEC）提交招股文件，两度首次公开募股（IPO）。因资产负面和视频版权等问题导致“价值严重低估”，几经波折最终以 10 亿美元左右的估值勉强上市。而今迅雷的市值稳定徘徊在 2.5 亿美元左右，从转型受挫到市值严重缩水，老兵迅雷疲态尽显，似乎失去了往日光环。

突围云计算，迅雷下一张船票

经过十年隐忍修炼，迅雷改变风向始于云计算。迅雷任命曾加盟谷歌、微软，推动腾讯广点通和 Q 空间开放平台成功商业化的腾讯云总裁陈磊为迅雷史上首位首席技术官；并成立网心科技独立运营云计算业务，陈磊出任网心科技首席技术官，全面操盘云计算。

迅雷把业务全面转移至移动和“水晶项目”。这个水晶项目就是以云计算为核心的“水晶计划”。迅雷的财报显示，以云计算业务为主的其他互联网增值服务贡献了 1/3 的份额，同比增长高达 230.4%。付费会员和移动广告趋于稳定，营收结构渐趋多元化，解决了对会员付费的依赖。云计算成为迅雷供给侧结构性改革的核心领域。

整装待发的老兵

2017 年第一季度财报显示，迅雷云计算业务占整个营收近 38%，这是迅雷云计算连续 5 个季度实现高增长。同时迅雷云计算获得直播领域的重量级选手—快手，加上爱奇艺、小米、熊猫直播、bilibili 及陌陌等，迅雷云计算业务呈现爆发式增长态势。

迅雷云计算业务得以快速发展的另一个原因是星域 CDN 共享云计算的独特模式。众筹家庭空闲带宽，利用共享经济降低成本，获得新技术。随着直播和短视频快速崛起，背后的巨量宽带需求推动了共享云计算的全面发展。

可以肯定的是，以视频会员为核心的内容付费和以云计算为核心的企业大规模运算成为当下的风口，老兵迅雷恰在浪尖上。但愿廉颇不老，可以整装待发。

第三节　云视频取代传统视频

移动互联网彻底消除了传统时代的信息孤岛，重构了新的信息连接和交际方式。

移动互联网时代的信息渠道和沟通方式以“地球村落”模式在云端实现。在视频会议领域，传统会议与个人计算机时代的视频会议均已过时，尤其在企业会议、商务协作、远程办公上。云视频会议成为主宰，大规模云化的办公日益流行。

传统视频会议的掘墓者

个人计算机时代的视频会议是当时商务沟通、企业协作的必然需要，飞燕传信、竹简志书、电话通信等都是时代更迭的产物。传统视频会议亦难逃新事物代替旧事物的宿命，云视频成为新的替代者，肩负着视频会议的进化与重生。

传统视频会议设备购置成本高、安装流程复杂、传输信号弱、协同程度低，会议效果差。成本高，效率低成为其致命缺陷。

云是移动互联网时代的公共场所和流量资源超级入口，连接和共享成为其聚焦人流和服务的根本手段。云视频会议凭借虚拟的共享空间和高度协同性、高效率性、跨地域跨时间性，繁杂事务简单化、重叠任务即时化，可以毫无障碍地完成企业会议及相关协同性执行。

大数据、云计算加持云视频，让云视频成为企业社交、会议和远程办公的超能载体。传统会议体验性和互联网视频会议的互通性、连接性在大数据分析、云计算处理面前都不值一提。人工智能的入局让云视频会议在体验性、智能性、执行高效性上碾压以往任何会议模式，云视频会议成为传统会议、个人计算机时代互联网视频会议的掘墓者。

线上、线下服务的 O2O 入口

O2O 已是老生常谈，入口问题却尚无定论，合并或破产成为 O2O 挣扎在死亡线上的两种不可避免的选择。

入口未定，说到底是形成入口的场景没有形成。没有支撑 O2O 实现连接和交易的场景，线上线下服务一体化体系及其地面战斗力均是徒有其表。形式意义上的场景和支撑不了服务和生态的连接亦是滥竽充数。

云视频集合高清直观体验、大规模在线互动、高度协同性代替，形成了具有企业协同、直播互通、渗透服务和衍生生态功能的入口，这是深层次场景。云视频会议的场景集合传统会议的直面可感，个人计算机时代互联网视频会议的直观体验，并结合云计算的大规模和强智能，催生了场景新物种。这种新物种是孕育服务和生态的温床。

以小鱼易连为例，通过技术革新和多类型硬件产品，视频服务最终实现会议、医疗及娱乐等场景的应用变革。云视频以新硬件为工具，以智能技术为内容，以各类产业为场地孕育了一个云端之上，连接实体的 O2O 生态，场景入口俨然成型。

视频直播的供给侧结构性改革

单从直播的功能属性来看，成本低廉性，移动便捷性，线上交互性不输当前任何一款社交软件；但若作为一个会议视频方案的载体，视频直播显然业余。以视频社交、网络主播切入泛社交的视频直播，诞生始就决定了其社交属性。随性、娱乐、花哨的泛娱乐基因和高协同性、高执行性、强智能性的企业会议格格不入，同产业的结合亦是有形无神。

直播先天的软肋是商业模式单一，盈利渠道收窄。定位于泛娱乐社交的视频直播，唯一的盈利来源仅为用户的打赏和少量广告，但其成本不是简单的昂贵两个字所能形容。宽带专用，高昂的推广费用，高价主播签约榨干了表面光艳、实则艰难的直播产业。

视频直播难以商业化的根源还在于对技术的严重依赖性。缺乏大数据、云计算以及人工智能赋能的视频直播，“直播+”口号只能是纸上谈兵；沉溺于“烧钱大战”的直播自始至终未曾从技术这个决定直播生态骨架方面进行变革；同时，社交的本质属性改变不了其“自嗨”的性格，“烧钱”和口号均是徒劳。

云视频借力大数据、云计算，加持人工智能，在电话会议、云端协助、硬件视频会议、企业级直播等企业大规模办公解决方案上术有专攻；同时，服务于视频会议、远程教育、医疗、金融及政务等各专业应用领域。企业商务和技术驱动双重赋能弥补了视频直播在产业落地和融合上的短缺，使得"直播+"有了星火燎原的可能。云视频因此可以成为视频直播供给侧结构性改革的榜样。

第六章　人工智能大蛋糕

第一节　内容分发的人工智能时代

内容的变迁见证时代的更迭，内容载体则体现了潮流的风向。从竹简记书、飞燕传信到报纸书籍、广播电视，从个人计算机互联网到移动互联网再到如火如荼的人工智能，内容标签也从严肃、死板、教条变为随性、多元、趣味。以移动互联网为载体的自媒体大热后，人工智能赋予了内容人格与智慧。

在小米 5X 和 MIUI 新品发布会上，小米联合创始人王川宣布微博成为独家接入小米智能硬件平台的社交媒体，小米音箱成为首款通过语音技术播报微博热门内容的智能硬件产品。可以说，这是内容首次试水人工智能，是整个内容时代的一个转折点。

内容进入人工智能分发

报纸杂志、广播电视等传统依靠地面连接和分发内容媒体已经不合时宜，在互联网媒体的冲击下需转型才能求生。在大数据、云计算、人工智能等智能化、规模化技术的强势驱动下，纸质媒体、广播电视等传统媒体正在经受大考。个人计算机互联网日渐式微，移动互联网进入收官阶段。依赖于地面媒介的传统媒体、依赖于互联网连接及传递信息的纯粹互联网媒体在不断更迭的载体和技术中走下神坛，一场由人工智能主宰的人工智能分发拉开内容时代的新帷幕。

内容这个沟通和连接人与人最基本的通道随着载体的迁移发生了质变。在微博、QQ 兴趣部落等年轻、个性、趣味化的泛社交媒体环境中诞生的新兴内容，形成了极具个性、多元化的亚文化，并因此形成了特定的用户群体。这种文化立足于年轻用户，是未来内容的标签和风向。小米和微博合作智能音箱，将微博热门内容嵌入移动化的音箱是微博内容以人工智能模式在智能硬件上的全新分发。内容从传统媒体的文字、语音、视频分发，到互联网时代的移动分发，再到人工智能时代的拟人化、智慧化分发，是内容时代的大变率。

微博布局人工智能分发

近年来，有关内容的人工智能分发日渐成熟，微软小薇，百度度秘等，国内国际各类机器人语音播报软件层出不穷。内容的人工智能时代已经到来。微博和小米这次合作人工智能分发和此前均不一样，意味着每一个提供价值内容的自媒体，甚至普通用户都有可能进入人工智能内容池，实现人性化智能分发。微博内容嵌入小米音箱是具有强势新闻源、意见领袖泛社交内容巨头首次布局移动智能硬件内容，看似小动作，在内容分发领域则是一件标签性事件。

麦克卢汉说，媒介是人身体的延伸。媒体或者说内容本身就是人的一部分。回到互联网产品上，最佳的互联网产品莫过于人性化、人格化、拟人化的智能、智慧产品。随着人工智能技术渗透普及，互联网产品在人工智能技术基础上，升级迭代，人化必不可逆。所有互联网产品将和人工智能搭上撇不清的关系，机器人时代或将加速到来。

“内容+人工智能”成绝对风口

传统时代我们看报纸，读书籍；互联网时代我们发微博，写微信，录短视频，搞直播，内容催生了一个又一个风口。智能化、智慧化内容，以接近人的思维和行为方式向我们靠近，"内容+人工智能"成为当下绝对风口，内容的人工智能时代已经到来。

无独有偶，腾讯重磅推出的人工智能机器人程序腾讯云小微，是腾讯在内容人工智能分发领域的重量级布局。小微是一个包含了语音识别、图像识别的智能服务系统，是腾讯超越微信的一个重要尝试。内容基因强大的腾讯，显然要启动内容的人工智能分发；人工智能时代的小微地位丝毫不亚于移动互联网时代的微信。在内容和人工智能红利不可阻挡的时代，"内容+人工智能"已成为焦点。

第二节 "AI+"战场

柯洁泪洒棋盘，在与阿尔法狗最后一战中，以0：3大败于阿尔法狗。阿尔法狗自此宣告退役，联手柯洁进入教学服务阶段。"人机大战"可以说是人工智能和人类智慧的分水岭，开启了"AI+"新战场。

柯洁虽然大败，但人类并没有输

人工智能并不是人的智能，而是人智能的Plus。通过超越人的大数据和计算法对人的意识、思维做拟人化模拟，生产出一种以人类智能反应方式相似的智能机器。这种智能可能超过人的智能，未来人工智能可能是人类智慧的容器，将突破人的智能界限，以人的思维方式对人进行完善和升级。人工智能企图以超越人的智商来创造一种新的人类，是人进化的必然，是人智能的延伸，是脱离人体的智商 Plus。

柯洁大败，因为人工智能的产物阿尔法狗发挥了人工智能超越人智能 Plus 的优势。柯洁大败基于人类人工智能的阿尔法狗，是人工智能进入实战的标志。然而人类并没有输，只是进入历史的更新迭代。基于计算机的人工智能模拟人的思维和行为，是在创造历史。

人工智能是否会威胁到人类？关于这个疑问，在《技术元素》中，凯文·凯利已给出答案。人工智能的定位是做人类不想做的事情。纵观人工智能发展史，人工智能终极目的是通过机器来弥补人类的不足，推动人的进步，绝非人所不能操控。威胁只存在于随剧情需要的科幻世界里。

人工智能（AI）产品将遍地开花

人工智能以协助人类做人所不能做的事，完成人类所不能及的工作，是人类智慧进化的产物，是运用数据和算法完成对人脑的模拟和完善。因为可以做人不想做或者人不能完成的任务，人工智能成为人类智慧的升级版。人工智能是建立在人类智慧的基础之上，对人的思维和行为进行模拟，学习人的思维和行为。阿尔法狗从围棋选手身上学到人类智慧，为自己所用，进而大败人类。在本质上，人工智能和人类智慧互为补充，人类智慧需要人工智能完成进化；人工智能则需要从人类智慧那获取学习的源泉。

百度用人工智能打造具有人类思维的互联网产品，即是用数据和算法产生的人工智能来做互联网产品，阿尔法狗即是之一。凭借大数据来训练其深度学习能力，不断提升其计算水平。这个学习过程和人类几无差异，但基于数据和算法的思维方式已超越人类。将人工智能应用到生产领域，可以最大限度地降低运营和生产成本。基于人工智能的"降维打击"产品优势凸显，将引领下一波流行潮。

柯洁联手阿尔法狗，"AI+"成下一个战场

阿尔法狗虽退出竞技舞台，但其团队将继续开发围棋程序；并将开发一款教学工具，帮助人们深入了解阿尔法狗，帮助国棋选手深度学习。柯洁作为第一个合作者，以"人机大战"方式完成人类智慧和人工智能的世纪握手，同时开启人工智能的新战场。

阿尔法狗和柯洁的合作只是停留在学习领域，"人工智能

+”将推动下一个以人工智能技术为基础的大产业迭代。如果说“人工智能+”是产业融合升级的1.0，“AI+”则是产业升级的2.0。“AI+”是建立在人工智能技术基础上的高级思考生态，以技术驱动产品思考，使产品智能化、智慧化。“AI+新闻”“AI+制造”“AI+教学”“AI+服务”……“AI+产业”必将势不可当。

“互联网+”是跨界融合，无法企及“AI+”的智慧高度。“AI+”是“数据+算法+学习”的升级进化，是从人体到产业的跨体升级，具有思维和行为。“AI+”不仅服务于产业，更服务于人自身。在效率上，“互联网+”做加法，“AI+”则做乘法，“AI+”将超越“互联网+”成为下一个主战场。

第七章　新零售时代

第一节　无人店撬动的下一个风口

无人店借助新零售站到风口浪尖，这丝毫不逊于十几年前电商的崛起。在人工智能为主角的物联网时代，纯电商虚拟经济已经不抵当年，体验、物流、便利等方面开始遭遇瓶颈。

互联网巨头和用户已把目光转向智能化、以用户为中心的新零售。在人工智能的加持下，无人化、自动化、自助化的新零售敲开实体经济的大门，沉寂许久的实体经济悄然复苏。

电商风口已过，巨头渠道纷纷下沉

电商缘于互联网虚拟环境下的无限共享空间。其无限扩展性，跨地域性和足不出户即可购物的便捷性，跨越了传统地域上的限制，打破了全球贸易的阻碍，最大可能地满足用户的个性化、多样化、全面化需求。电商消除了实体经济的狭隘局限，将交易全球化，使价格战加剧，并降低了运营成本，让消费者得到真正的实惠。

但线上虚拟交易越繁荣，缺陷也越凸显。远距离的物流成本，线上大电商品牌的价格战，缺乏线下无可比拟的购物体验，假货交易肆意猖獗，电商经济在经历大规模野蛮生长后迎来了萧条期。与之相对的是，人工智能、大数据、云计算所带来的技术革新，线下零售的新体验、无人化运营的入局、技术提升带来的成本削减，使线下实体店迎来新的繁荣。

网络巨头纷纷将注意力转移到多年无暇东顾的线下。网络电商和实体结合、技术和体验叠加这一模式开启了以实体店为交易主体，以二维码、人工智能、云计算等为“经济大脑”的新商业经济。阿里巴巴成立零售通；京东建立新通路事业部，“一站式”进货平台布局线下物流和服务。京东投资永辉超市、结盟沃尔玛；阿里巴巴投资盒马鲜生、收购联华超市股权、结盟苏宁。电商和零售结合已成潮流。美国人口普查局数据显示，亚马逊零售已经占美国零售总额的5%。可以预见，纯电商已死，新零售取而代之只是时间问题。

新零售登场，实体经济悄然逢生

新零售是线上电子商务和线下实体零售的化学反应，区别于线上互联网和线下实体店简单结合的O2O。O2O是线上线下的联动，新零售是新物种——无人化、智能化的自助购物，是O2O的进化。新零售传承了电商和零售的双重优势基因，插上了人工智能和物联网翅膀，新零售的起点不是传统零售而是互联网。马云提出新零售、新金融、新技术、新制造、新能源"五新"概念，成立"五新执行委员会"，并着重强调互联网创造。新零售早已不是传统零售和纯粹的电子商务，也不是两者的简单融合。以互联网为基点，实体为延伸，技术为核心，无人化、便利化、自动化才是新零售的本质所在。互联网创造是用互联网方法论解决实体经济的瓶颈，完成产业的迭代和进化。

实体经济之所以式微不仅在于缺乏互联网无限虚拟空间的可驾驭性，线上线下连接牵一发而动全身的大规模调动和协同性，还在于管理模式和技术体系的教条和腐朽化。互联网、云计算、大数据、人工智能等技术消除了这一基因缺陷。以互联网为基点和纽带，人工智能、大数据推动了信息、商品、资金流在线上和线下的运转，最大限度地降低了零售业的成本、提高了运作效率、提升了用户体验。新零售这种新物种通过互联网的无限制地域连接和技术革新实现了实体经济的悄然复苏。

人工智能浪尖，无人店迎来下一个风口

新零售这场革命的根本驱动力是推进零售业智慧化、高效化、体验化的人工智能。实体经济之所以再度崛起，电子商务之所以迭代升级，人工智能的作用不言而喻。新零售之所以新，在于整个零售的基础设施发生了质的改变。在大数据支撑下，整个物流和商品的信息通道、用户行为和消费习惯、交易数据和金融链为新零售赋能。在人工智能的加持下，基于社区场景的无人便利店应运而生，商业效率和用户体验双重提升。

最近阿里巴巴的无人超市、无人咖啡店势头强劲，在最新网商大会上，“新零售”已经取代“电商”标签。主打无人值守自助购物的小 e 微店，入驻宏碁、海尔、智联、前程无忧和小米等百余家公司，在全国各大写字楼快速扩张。庄辰超重投自助购物便利店“便利蜂”，扬言未来要开 1 万家店，无人店俨然成为下一个炙手可热的市场。互联网的介入，大数据和人工智能软硬件的支持使零售店实现智能运转，突破实体店固有购物体验。以用户为中心，实现无人化购物的无人店，是新零售革命的开端。

第二节　消费金融浪潮之巅

借贷消费使消费金融异常火爆，信用卡购物成为时尚，蚂蚁花呗、QQ 微粒贷成为互联网新宠。分期购物成为网购新标配，按揭买房成为年青一代的购房新时尚。

消费金融正在推翻纯现金流铸就的金融壁垒，先消费后付款成为互联网金融和传统金融的吸金法宝。

金融改革的核心调控

风控是金融的重心，是防范金融风险和保障借贷者利益的中枢，但真正的风控应是政府的宏观调控和相关部门的监管。风控决定金融体系本身的安全，宏观调控则决定着整个金融业的兴衰。金融业越发达，风控越难以操纵和落地，越须借力于政府的宏观管控；尤其是新旧金融制度体系交替、变革和迭代期，技术尚未成熟，体系尚未完善，投机分子恰好乘虚而入，体系本身无法独自实现风控。风靡一时的首次发行币（ICO）如果没有政府相关部门的管控，不仅仅对于投资者，对整个行业都是重大风险。

政府的干预宣告了首次发行币的绝迹，但互联网金融的风险却未因此消减。校园贷、医疗贷、房产贷等各领域消费信贷依然危机四伏，校园裸贷、互联网金融借贷平台跑路事件频发。互联网金融所谓的低门槛、高效率、便捷性反而推动消费信贷陷入风险旋涡。相反，传统金融行业因为有一套完善成熟的抗风险体系，在相关部门的宏观调控基础上对风险的防控要稳妥很多。面对变幻无常的互联网金融消费借贷，一方面要充分预估各种变数；另一方面要加强政府相关部门的监控管理。

金融科技的核心在于线下

金融科技的本质是利用大数据、区块链等互联网技术对金融基础设施建设完善、风险控制和平台管理，从技术上促进金融的根本性变革。金融科技覆盖支付清算、融资、基础设施、投资管理，几乎包含金融领域的各个方面：借贷、财富管理、支付、保险、众筹、征信，甚至是零售银行和房屋中介。因此，金融科技是借互联网技术对整个金融行业的改革。针对传统银行用户基数、信用数据、基础设施、风控体系乃至线下场景实际情况，金融科技可借大数据、区块链等互联网技术对线下银行等实体金融体系进行改革，这是一个自下而上的质变过程。

互联网金融诞生于互联网虚拟环境中，技术、安全性以及赖以存在的基础设施远未成型，仅仅凭借交易高效、便捷易用这些表层优势还远远不够。金融科技对于银行来说生逢其时，基于线下金融体系根基，强大的金融基础设施，长期以来形成的用户消费习惯和场景，银行具有天然势能。银行业可借助自身的基础势能，顺势而为，运用金融科技自下而上地建立金融新体系。

产品布局上，银行嫁接互联网金融

作为传统金融业的中流砥柱，银行深谙用户管理之道，洞悉用户消费行为，通晓不同用户群体的个性化需求。无论普通金融产品还是消费金融产品，均可深挖用户痛点，按需供给，对症下药，开发出特定消费人群的金融产品，最大限度地满足个性用户的不同需求。互联网金融尚处于野蛮爆发期，对用户的需求痛点、开发用户需求方面显然不能与银行同日而语；在产品丰富性、实用性方面也不如银行。

金融科技代表产品智能信贷（"大数据+人工智能信贷"）通过评价授信风险体系有效地推动了金融信贷自动化、高效率，凭借深度学习等人工智能算法使准确度不断提升，可短时、快速地满足各类人群的信贷需求。在智能信贷体系下，银行可借力用户基础，积累的用户消费习惯和行为大数据，结合自身的天然优势，将传统线下场景资源和线上互联网技术深度融合，打造更加全面、丰富、智能的消费信贷产品。

新零售风口，银行对标互联网金融

新零售才是银行消费信贷的真正风口，实体经济像雨后春笋，实体经济的春天来了。随之，传统金融业也迎来了最佳变革期，最大的驱动力便是消费信贷。数据显示，国内消费金融市场规模趋近 6 万亿，2020 年预计超过 12 万亿元。银行业可利用线下场景实体店和地面用户掀起一场新零售变革，消费金融便是这一变革的纽带。

银行占据金融业高地，吸纳大量社会资本，可信度高，优势显而易见。银行可通过入股消费金融公司，从优质客户群向次优级客户群延伸，拓展消费场景。作为实力雄厚的线下金融巨头，传统消费信贷产品信用卡已开展了许多年。庞大的金融客户群，可实现存量用户迅速线上迁移，流量优势不可小觑。随着新零售的风生水起，这些优势无疑是其开拓互联网金融市场的砝码。

第三节 电商新格局

碎片化的移动互联网重构了虚拟经济乃至实体经济的业态，内容得以历史性地登上舞台。随着新零售、人工智能的集体爆发，移动互联网迎来了新时代。

在电商领域，阿里巴巴的平台电商和京东的自营电商均面临迭代和升级任务，电商载体、模式、重心都将改变，新的格局将形成。

高端客户激活人格化电商

网络高端客户依靠内容形成了新的电商入口，即以个人品牌背书的内容入口。凭借内容建立具有自身性格的人格化品牌，进而衍生出以内容为入口的产业入口。"内容经济"和"网红经济"借势移动场景全面爆发，网络高端客户凭借内容打开所有产业的入口，并将电商这个超能变现手段嫁接上。

人格化品牌如同吸盘一般，将具有相似性格的用户聚集在一起，与之品牌气质类似的产品便可生根、发芽、开花、结果。物以类聚，人以群分。个人计算机时代的电商是以电商平台为中心分发流量，人格化电商则是以核心意见领袖为中心为电商赋能。随着移动互联网内容碎片化程度加深，流量电商的沃土不复存在；核心意见领袖主导的电商将形成以人为中心的产业链，明星效应类电商成为新流行。

严选分羹金字塔顶尖

电商的进化路径是C2C、B2C、C2B、严选、以用户为中心，以服务为中心，层层推进。C2C引发了淘宝时代全民创业浪潮，个人创业走上征途；在没有平台支撑的条件下，B2C以组织化为个人服务；京东、苏宁、国美扛起挑战C2C的大旗，重心转为服务；当服务不能完全满足用户的需求，C2B模式的小米，以定制化产品、社群化服务引爆新一轮商业变革，出现了“粉丝经济”这个新名词。商业模式的进化始终遵循受众的需求变化。

网易严选开启了原始设计制造（ODM）电商模式，剔除品牌溢价和中间环节，定位于性价比和品质商城。这种自营模式能满足用户需求的优质产品分离，将京东、苏宁这种电商模式切割出顶层需求，在用户需求和产品层面更进一层。淘宝推出淘宝心选，微信以小程序推出微信优选，阿里巴巴和腾讯各出大招。阿里巴巴要在新的电商空间完成自己的脱胎换骨，腾讯亦要借势东风，实现其电商梦。

小程序复活微信电商

因为社交和电商水火不容，腾讯电商一度处于萎靡，无心插柳的微商也一直为用户所诟病。腾讯的内容和社交掩饰了电商作为另一种商业形态在腾讯内容生态中的事实。

但凡事并非绝对，自从微信推出小程序，风向就变了。虽然唱衰小程序的大有人在，但小程序却是微信极为正确的一步棋。围绕内容而居的小程序正是微信电商、服务乃至智慧家庭、智能硬件等的连接入口。微信辟谣小助手、微信公众号数据助手等各类小程序的刷屏足见其势头的劲猛。

小程序可以任何形式在微信中存在。灵活性、便捷性使镶嵌在微信这样的内容生态中，并不会如朋友圈电商那样显得粗爆，反而成为点缀；而且微信的内容基因恰好与风头正盛的内容电商吻合。百度、今日头条已经联合京东试水内容电商；小程序则是腾讯及自媒体内容电商的信心保障。

人工智能、VR（虚拟现实技术）激发处女地

淘宝"双 11"推出的"BUY+"，利用虚拟现实技术成功连接线上电商和线下实体。

未来的电商一定是智能化和去中介化的，不仅是基于人工智能的机器人，还是一个机器人体系。洞悉人的语言，了解人的需求，通过智慧化的机器人体系实现用户与机器人线上导购或线下的交流沟通。

随着京东智能化导购机器人的出现，腾讯云智能机器人小

微系统的逐步开启，机器人拣货、无人机送货等完全智能化的电商体系落地，智能电商时代开启。

第四节　物流中心西进

马云在首届世界西商大会上强调阿里巴巴总部杭州和西北龙头城市西安的关系。他表示在“五新”和“互联网创新”大趋势下，西安独具优势，并重磅宣布在千年古都西安成立阿里巴巴西北总部。

对西安来说，这意味着“互联网+”、电商、金融、大数据等对城市互联网化的加速推进和区域经济的转型带动，并促进就业乃至智慧城市、智能产业的全面发展；对于阿里巴巴来说，可以打开西部市场，加入西部大开发、“一带一路”建设。相对于东部总部杭州来说，阿里巴巴完成了西北市场的战略拼图。

阿里巴巴的全球化，西安的新腾飞

西安是中国的西大门，西部大开发的中心，丝绸之路的起点。恰逢“一带一路”倡议的顺利推进，供给侧结构性改革的进行，西安的核心地理优势、历史文化底蕴、央企科研实力，将愈发显现。

随着纯电商市场逐渐饱和，马云的"五新"和"互联网创造"战略整装待发，阿里巴巴的新零售标签无人店正式落地实施，阿里巴巴的新零售巨擘正式启动。"五新"战略在西北乃至全国尚未全面施行，阿里巴巴落地西安，一方面是助力西安腾飞的新起点；另一方面则是阿里巴巴转战西北，全面布局物流、金融、电商的新契机。

对于西安，这是对接互联网、科研、军工、教育等强势资源的融合；对于阿里巴巴，则是电商、新零售、云计算等落地战略的大动作。两者的联合是政府和互联网企业的一次强强联合，实施"互联网+"的新典型。"一带一路"和供给侧结构性改革分别是国际化贸易举措和国内经济结构的全面重组和优化，阿里巴巴抢占先机，占据西北入口，是联合西北龙头西安市，进军西北乃至全球的开始。

阿里巴巴实体化，西安城市智慧化

作为西北要塞，西安是集军工、教育、科研、历史、文化、旅游于一体的历史文化名城，随着西部大开发战略和"一带一路"倡议的推进，西安已成为名副其实的投资热土。

柳传志、周鸿祎、张朝阳、冯仑等到访西商大会，多家企业相继投资西安，签约项目万亿元。

阿里巴巴西北总部落户西安，正如西安市委书记王永康所讲，“这样的话就提升阿里巴巴在西部大开发建设的新形象，非常好。”不仅如此，西安的知名度以及军工、教育、科研、历史、文化、旅游等资源都将为阿里巴巴入主西北铺砖引路。

在首届世界西商大会上，西安市政府和阿里巴巴集团签署战略合作协议，双方合作推动西安市新零售发展，以推进大西安发展步伐，加快供给侧结构性改革。培育壮大新动能，大力发展新经济，西安将成为阿里巴巴实体化的重要开端。

第五节　农村新零售

2017 年“新时代，新责任，阿里巴巴脱贫基金启动发布会”在杭州举行，阿里巴巴 36 位合伙人集体亮相。马云宣布，5 年内将投入 100 亿元资金，建立一套组织保障体系，全面参与到脱贫攻坚战中去。

此次会议是阿里巴巴农村战略的重审和全面实践，阿里巴巴早已确定“全球化、农村电商和大数据、云计算”三大战略。在支付宝逐渐走向海外，全球化和大数据云计算战略全速扩展之时，阿里巴巴对亦农村市场发起了总攻。

风口上的农村市场

全球化和农村战略是阿里巴巴从一、二线城市向国际、向农村扩张的区域性发展计划。纯电商的逐渐饱和一、二线大城市的拥堵，互联网巨头纷纷将战略瞄向海外和农村市场。广阔的农村市场潜力巨大，是一片未开垦的蓝海。

基于人工智能的新零售正如火如荼，线下将成为新的战场。随着新零售的兴起，农村必然成为商家新的掘金地。一、二线城市俨然饱和，农村市场开发正当时。随着农村电商崭露头角，新农村基础设施的日益完善，乡村旅游资源的开发，农村正成为下一个即将爆发的风口。

农村战略是阿里巴巴三大战略的重要组成部分，协同国际化，以云计算、大数据为轴心，阿里巴巴将顺利起飞。

阿里巴巴、京东切蛋糕

互联网巨头纷纷把眼光投向农村电商领域，京东、阿里巴巴开始致力农村市场。刘强东去河北省阜平县平石头村当村主任，马云则宣布投入100亿元，参与农村脱贫攻坚战。当前农村电商发展虽滞后于城市，但潜力无限。

阿里巴巴未来5年将投入100亿元资金，全面参与农村脱贫攻坚战，这为其农村市场战略的一部分。马云说：“一家大公司把一个村搞好并没有意义。”刘强东回怼了马云，随之推出京东跑步鸡——创新扶贫项目，进一步开拓农村战场。

农村这块大蛋糕，没有人不想分得一大块，切蛋糕是商业经济下的新常态。农村战略一方面是企业布局，分得市场红利；另一方面是其带来的社会意义，给农村带来的变化。企业分得蛋糕的同时须承担起相应的社会责任。

扶贫的意义远大于投资价值

公益虽然是互联网公司投资农村、进驻农村的重要方式，但一些企业以公益为自己加分，使公益、扶贫的意义大打折扣。

扶贫在于实践，农村淘宝和京东线下实体店目前仍未达到农村消费者的预期，在于其服务、执行、体制尚有缺陷，纯粹的线上电子商务和农村电子商务并不一致。农村市场如何纵深，农民消费习惯如何养成，农村市场消费力、主流产品、用户画像依然有待商榷。

扶贫是一项长远计划，具有长远意义，不是一蹴而就的事。诚如马云所说，一个大公司把一个村搞好并没有什么意义，但其指导性意义却大不一样。同样，将企业的战略融入农村的发展实践中，身体力行才是农民的福祉。

第八章　区块链浪尖

第一节　首次公开币发行箭在弦上

区块链的信任成本接近于零，构造和交易资产的边际成本趋近于零，首次公开币是一个基于区块链空手套白狼的金融游戏。

疯狂蔓延的首次公开币突然被紧急叫停，以首次公开币为揽财集资手段的互联网金融产业链浮出水面。凭借区块链的热度，一些网络高端用户已赚得盆满钵满。

无异于赌博、传销

首次公开币持续走热，融资金额动辄数千万元，而且只需几天或几小时。这种揽财效应，可谓是一夜暴富。有的项目连基本信息（融资说明书）都没有，仅凭发起人的个人号召力。这些发起者大多为业界、网络高端用户，他们不惜透支公信力疯狂揽金。这种依靠自身的影响力，借用互联网通道，基于支持者的信任揽财的行为，实则是意见领袖在社群经济的根基上开展的一种社群营销行为。

很多投资者对这种模式并不了解，却会基于对高端用户的信任而去投资。这种没有注册主体，不受第三方监管，没有任何产品项目，仅通过首次公开币发行这种区块链、投融资手段演绎的一出惊世骇俗的造富神话，实则是一条没有任何支撑的“空气链”。“圈钱已经不顾吃相”。

劣币驱逐良币的投机游戏

基于区块链的去中心化，几乎没有任何门槛，造成其整个运作体系的膨胀。首次公开币发行几乎可以免去所有流程，成为某些网络用户的暴富工具。价格、数量随意定，没有任何秩序可言，可控性不言而喻。不受任何限制，成本低，成为首次公开币发行得以疯狂进行的原因。代币升值几乎成为空谈，投资者最终大多两手空空，唯有少数网络高端客户不劳而获。整个市场出现劣币驱逐良币的现象。

早期兴起的股权众筹，至今基本溃败、转型或倒闭、沉寂。首次公开币发行虽然可以通过交易数字代币实现变现，但何时上线交易、如何规避庄家炒作尚无化解之法。

监管出击，暴富梦幻或破灭

薛蛮子一个月投资了数十个首次公开币发行项目，李笑来投资首次公开币发行项目融得近2亿美元。此等神话或将很快破灭。包括央行、证监会、银保监会在内的监管部门及一些行业协会已对首次公开币密集发声或表态，多家首次公开币发行平台暂停交易。首次公开币作为一种重要的证券发行模式，是一种创新。但由于门槛过低，自发性强，在区块链技术尚未成熟的情况下，相关监管部门可出台相关法律法规，加强宏观调控，提升运行规范。通过提升门槛，提高参与成本等切实有效的政策措施，推动其顺应行业规范健康发展。

首次公开币发行和此前的网络平台信贷极其类似。网络借贷平台已是前车之鉴，首次公开币发行自然存在被取缔的可能性。但基于区块链，此种可能性较小。可通过相应的制度规范。类似余额宝限额，微信支付宝转账限额等，让首次公开币发行走上正轨，区块链步入正轨。

第二节 哈希世界：区块链 2.0 时代

以太猫、百度莱茨狗、网易招财猫、腾讯一起来捉妖，区块链虚拟宠物游戏掀起了一场线上宠物买卖高潮；但随后而来的是冷场的寂寥，产品的迭代更替。网易星球满足了虚拟星球居民捡币的存在感，成为打发时间的好工具；但竞拍噱头维持不了区块链游戏的持久战，充其量是一种购买，用户的玩法体验极其有限。

笔者将以上两类游戏定义为区块链游戏 1.0，单纯的宠物交易或者挖币引流皆是区块链玩法的初级阶段。如何让区块链实现对现实世界的改变，如何使产业区块链化是眼下区块链要解决的根本问题。

凭借基于位置服务的地产拍卖，挖掘宝藏赚取虚拟币，将虚拟和现实完美地融合在一体。通过让用户玩转游戏来获得比特币；通过做任务、答题、翻卡牌来获得各种代币；在此基础上推出基于位置服务的地产、AR 增强现实等融合虚拟和现实的特色玩法。为用户提供了一个强交互性、沉浸式的游戏体验，用户在获得优质游戏体验之外，还能获得资产升值带来的收益，使之成为区块链领域的新物种，堪称区块链游戏 2.0。

哈希世界的初衷是以多样化、体验性好的游戏满足用户合理利用碎片化时间需求，并在此基础上，助力优质项目进行品牌包装输出服务。作为一名哈希世界的"地主"，除在区块链上获得独一无二的永久产权之外，哈希世界还为其提供了丰富的 API（系统留给应用平台的编程接口）接口供其自由建造和经营土地，让土地保值增值。其他玩家在其土地上挖矿所获收益的 10%归其所有。

早期的游戏玩家，通过土地买卖或者积极参与活动，月收入达上千元甚至近万元。现金流分红的资产模式，让哈希区块链游戏上线仅仅 3 个月即坐拥百万用户，且还在以惊人的速度增长。

哈希世界版图布局不可小觑，涵盖游戏入口、数字资产平台、游戏入口、社交互动等版块，俨然是一个多元化的区块链生态。用创始人贾英昊的话来说，这是一个让用户去玩游戏、做任务、学知识、赚比特币的认知入口和平台，面向广大新用户开放的区块链共享平台。面向所有用户，依托强大丰富的区块链版图，构建基于区块链的开放平台，这便是哈希世界的生态化战略。基于区块链底层技术构建一个集游戏、社交、金融、服务于一体的区块链大生态，这种模式在业界尚属首次。哈希世界的目标不仅仅是区块链游戏，而是利用区块链经济模型，构建新的流量入口，进而成为区块链时代的"阿里巴巴"。

阿里巴巴是电商平台、云计算、互联网金融与企业服务的整合者；哈希世界是从区块链生态入手，做区块链游戏、区块链服务、区块链金融的整合者，两者异曲同工。

哈希世界是首款推进虚拟与现实融合的区块链游戏，哈希世界通过三种方式来实现虚拟世界和现实世界的联动。作为一款基于位置服务的游戏，哈希世界同样营造了一个平行的虚拟世界，通过地理位置或经纬度坐标来实现。用户可以直接去哈希世界购买地产或与身边玩家进行互动。即将加入的 AR 增强现实功能，通过手机或专用设备就可以看到其所购买的哈希世界中的资产。通过区块链实现资产的确权，保证资产永久不可篡改地属于用户，起到虚拟与现实资产相互传递的作用。

挑战不可避免，随之而来的是百度、阿里巴巴、腾讯的攻城掠地，但哈希世界不走寻常路，将深耕虚拟和现实的融合地带。例如，用户在哈希世界中购买了土地，就可以获得现实世界这块土地店面的优惠券或会员服务；反过来，现实世界中店面拥有者也可以在哈希世界中经营土地，从而吸引更多的流量，实现销售增长和利润提升。

不同于百度、阿里巴巴、腾讯一味从自身生态体系导流的单一模式，哈希世界让参与者分享平台所带来的收益。面对百度、阿里巴巴、腾讯的直面竞争，哈希世界采用“打土豪、分田地”战略，采用新颖的游戏模式，新鲜的用户体验，实现弯道超车。

哈希世界是一个基于区块链的虚拟数字世界，让用户在游戏中获得快乐，学到知识；同时，是一个数字资产交易平台，哈希世界为用户提供淘宝贝、数字购买等游戏和增值服务。以区块链作为公开透明可信的底层，让虚拟的游戏世界规则而有秩序地运转。

第九章　新品牌风向标

第一节　颜值如何与品牌接轨

人们的审美标准正在以惊人的速度更迭。凭借颜值爆红的影视演员成为吸金大亨。鹿晗单条微博评论数过亿创造了新的吉尼斯纪录，TFboys 一出现就成为各大综艺平台的流量黑洞。更重要的是，这些以颜值取胜的明星对品牌价值产生重大影响。

热卖的“猫王”收音机因其外形复古酷炫广受热捧；iPhone X 因其全面屏齐刘海造型、超视网膜显示屏赋予其独树一帜的颜值而销售火爆；极具运动美学的新 BMW 4 系跑车成就了行走的美学经典，都市精英视其为尊贵身份的象征。

离开颜值，品牌淡然无光，这是一个以视觉和感官为商业盈利点的颜值经济时代。颜值在某种程度上来说，正在成为品牌的新生产力。

颜值即生产力，外在美成品牌原动力

颜值决定第一印象，无论是在工业制造时代还是在移动互联网时代，颜值永不过时。精致外观、个性造型，文艺复古、时尚新潮会让人眼前一亮，给用户留下极好的第一印象。高颜值是品牌的门面和招牌，甚至是品牌的第一生产力。

猫王收音机之所以广受年轻人追捧，与其始终如一的英伦风复古设计息息相关，满载着一代人的回忆。今天的猫王依然主打怀旧，永远不变的是工匠设计。有趣、好玩、个性，独树一帜。

移动互联网火爆了时尚网红、街拍达人、时尚博主；因为工于外在形象而风靡网络，赚得盆满钵满。外在美不仅让人赏心悦目，还成就了一种经济，便是颜值经济。

酷炫是年轻人的新标配

一直以来，实用性是品牌价值的核心，但在年轻消费者占绝对主力的移动互联网时代，实用性已不是其追求的唯一标准。年轻人大都重颜值，好奢侈品，追求潮流。

个性、新潮、酷炫的外观成为年轻人选择品牌的标准。萌系的二次元动漫、复古的文青怀旧风、新潮的奢侈品成为年轻人争相追捧的东西。

纵观当下，追求奢华感、设计感的品牌，引领了风尚。如手机的娱乐和互动性体验成了通信功能之外的重要标准，汽车的车载交互体验、设计感成为流行风。这种品牌潮流催生了手机界的 iPhone X、音箱界的 B&O、汽车界的宝马……

新时代，品牌如何与年轻人接轨？

品牌颜值决定身份和品位成为业界共识，奢华的配置、独具一格的设计成为抓获青年人的眼球，激发其消费的关键。

新 BMW 4 系跑车极富运动美学的设计颠覆了青年人对美的认知。一体式 LED 雾灯点缀的大进风口令车前端平添运动感；略微倾斜的车顶线条和轮廓鲜明的侧翼让车身尽显修长；车窗无框更显轻盈；后端 LED 尾灯强调了车身宽度，三位一体尽显 BMW 4 系跑车的运动美学。

全彩平视显示系统和全液晶数字仪表盘，清晰有序地显示驾驶相关信息，酷炫优美；专业导航系统在护驾导航的同时，通过宝马互联驾驶应用程序达成人车互联，实现绝佳的交互性设计。新 BMW 4 系跑车以富情感召唤的运动美学设计，吸引着富有活力、追求个性的年青一代。

iPhone X 以全面屏超视网膜显示屏、Face ID 人脸识别、齐刘海造型设计融为一体的高颜值智能机器人造型，实现了用户和手机的智能交互，以高颜值和极佳的交互性激发了用户的强大消费欲望。

品牌内涵映射年轻人的精神追求

内在需求为真正痛点，这与喜欢张扬、放荡不羁的年轻人的精神追求息息相关。主流消费群体的欲求决定了品牌的设计和定位走向，品牌内涵必须映射年轻人的精神追求。叛逆张扬、放荡不羁、赶时髦、崇尚国际化是年轻人的普遍风貌。

新 BMW 4 系跑车外观设计以内外兼修的灵动美感，彰显时尚范。在跟随宝马家族设计语言的同时，全系标配 M 运动套装，彰显了极富张力的运动美学。这种运动美学尽展国际范的动感和优雅，满足了用户内心的酷炫、优越感，成为品牌赋予消费者的精神追求。苹果手机 iPhone X 满足了用户对颜值、交互体验的更高要求。猫王收音机则映射了年轻人对英伦复古风、青春的怀旧情怀。Bang&Olufsen 则映射了消费者渴望"与他人有别"的心理需求。

融合年轻人对未来思考和探索的品牌创新

年轻人勇于创新，创新融合了他们对未来、人生、社会的思考和探索。年轻人对创新的追求引领了时代潮流，进而推动时代的发展。

新 BMW 4 系跑车外观设计更加彰显动感和优雅气质；内饰上，新 BMW 4 系家族将运动和优雅融为一体，新增的内饰条、升级的铝合金轮圈的创新结构满足了青年人的个性化需求。iPhone X 的齐刘海设计、华为 Mate10 及三星 Note8 的全视曲面屏设计皆是预见未来潮流的创新设计。

第二节　私人定制汽车

当下，标新立异的个性化需求日渐旺盛，私人订制首当其冲。旅游、手机、钻戒等，甚至连游戏也可私人订制——玩家可以根据自己的需求和喜好设置装扮。玩游戏也要玩得有性格、有气质。

类似汽车这种技术和资本加持的高精密科技系统，我们很难想象如何实现私人定制。

然而，科技总能让幻想成真。上汽大通新型智能购车系统蜘蛛智选横空出世，首次实现了汽车的私人定制，并把当下用车一族的体验提升到一个新高度。可以说是汽车及汽车产业的一次革命性进化。

蜘蛛智选倡导换个活法，提供智能定制、极客定制、互动选车和热销推荐四大智配模式，满足不同消费者的用车需求。

以智能定制模式为例，通过对变速箱、驱动形式及座椅布局三项消费者最关心的配置进行选择，18 选 6 的常规配置如自动泊车系统、车联网、座椅面料、外饰颜色等可随意添加。当然这一步可以跳过，蜘蛛智选运用人工智能推荐，通过用户对时尚、越野、科技、舒适、安全 5 个用车偏好指数，智能推荐匹配的车型。

上汽大通官方数据显示，通过蜘蛛智选，消费者可以获得上亿种配置组合，支持 10616 种价格梯度变化。如此多可供选择的样式，令爱车一族疯狂。消费者可以定制个性化、酷炫、有特色的独树一帜的座驾。

打破传统 O2O 购车模式，击中购车痛点

对于年轻的消费者来说，O2O 购车模式并不陌生。但 O2O 模式仅仅是将用户从 4S 店搬到线上，无法解决个性化选车、购车难题。O2O 模式存在选车困难、购车效率低下、买回来不满意等问题。传统的 O2O，甚至没有存在的价值和意义了。

蜘蛛智选的出现打破了传统 O2O 购车模式，第一次真正实现了将用户前端需求与后端制造的柔性结合。将配置的选择权交还给消费者，让用户能在时尚、越野、科技、安全、舒适 5 个维度偏好上自主选择适合的车型，实时获取造车进度，彻底

把以往传统大工厂模式的汽车生产转向了以用户需求为中心的个性化定制生产。

蜘蛛智选的“热销推荐”模式向消费者推荐热销车型，帮助其在基础配置、外观、内饰3大类别上做出不同的选择；购车者足不出户便能了解当下热门车型，并提供足够大的自主选择空间。

蜘蛛智选解决了传统购车模式低效率缺陷，是传统购车模式的升级迭代。此外，蜘蛛智选能够解决长久以来用户购车时面临的价格不透明、4S店漫天要价的问题。在蜘蛛智选上，所有车型均明码标价，价格透明化。消费者能够即时看到选配价格，并根据喜好确立最优组合。

蜘蛛智选在改变用户购车体验、打破传统O2O购车模式的同时，对上汽大通品牌的拉动、对4S店的效率提升具有跨越性意义。

C2B重新定义汽车新产业链

蜘蛛智选的出现，使汽车私人定制有了可能，它开启了汽车定制的先河。

从用户到厂家的C2B模式解决了用户的选车、购车问题，个性化定制模式实现了主机厂全业务链与用户的直连。蜘蛛智选——这款上汽大通的互联网产品，带给用户的不仅是多种进气格栅、轮毂和座椅布局的选择，还是赋能用户，使用户可以根据自己的喜好，在预算范围内选择性价比较高的产品。

至此，汽车进入 C2B 智能化、系统化定制时代。

第三节 拼多多的弯道超车

拼多多改变了人们的生活方式。随着拼多多成功首次公开募股，迅速带火了拼购电商。淘宝、京东、网易先后跟进效仿。

商业模式：游戏思维的垂直拼购

不同于传统的团购模式，拼多多采用熟人拼团模式，打破了以往团购的僵硬化推荐，增添了趣味性和互动性，让原本单调的团购模式变得有意思。"拼得越多，省得越多"成为拼团的目的性需求。

这种模式近似亲友之间的一种游戏。在消费者看来，既可以得到低价优惠，又可以获得分享的乐趣。

在产品方面，拼多多主打低价商品。无论是品质上有硬性要求的手机、汽车等智能科技产品，还是日常生活小物件，拼多多的价格都是低得不能再低。低价格显然击中了中低端消费人群的痛点，低价拼团的病毒模式得以施展。

砍价、送礼、优惠券，是拼多多实现病毒传播的武器。不同于其他电商平台，拼多多以低价位为切入口，分享式拼购为桥梁，微信社交为大平台。

定向用户：淘宝用户的同步迁徙

拼多多和淘宝目标消费群体均是中低消费人群，一部分淘宝商家和消费者迁徙到拼多多平台。这种趋势在微信兴起时已经开始。坐拥10亿用户的微信推出一个面向中低端人群的购物App，显然轻而易举。腾讯领投的趣头条即将上市，加上小程序的加持，微信电商已然迎来了它的春天。趣头条的运营模式和拼多多并无区别。借助微信的社交平台和任务、分销等模式实现了新闻App的滚雪球式增长。

拼多多的重度用户来自淘宝，在电商模式上，拼多多是“垂直化+微信强社交”拼购模式；在内容电商时代，拼多多以拼购链接形成的社交关系取胜。

流量：微信社交流量的自然导入

拼多多仅用3年时间就成功上市，这得益于微信社交的天然土壤。微信公众号、朋友圈为拼多多搭建了自上而下的传播通道。以朋友圈的链式社交分享，实现微信好友之间可持续性病毒式营销。由于熟人社交圈之间的强关系性推波助澜，拼多多的拼购电商实现了强关系传播。

拼多多诞生于微信的天然社交环境，是微信社交的天然产物。腾讯先后投资美丽说、蘑菇街、微店、有赞商城等电商平台，为的就是让微信流量自然变现。

腾讯原本要做的电商拼多多、小程序实现了。拼多多成为淘宝的致命杀手，趣头条也将助腾讯一臂之力对抗今日头条。拼购分享式电商已成风向，京东、支付宝、网易先后加持，拼购模式的新电商时代来了。

用一个公式来表示就是，拼多多=团购+淘宝+微信+游戏。

第四节　华帝的尴尬营销

赢在细节，输在格局；小算盘打得越细，输得反而越惨。对企业来讲，消费者利益即企业利益。小失误可带来毁灭性灾难。燃具巨头华帝通过举办一场"法国队夺冠，华帝退全款"的世界杯营销活动，将自己推上万众瞩目的神坛；但在吊足了消费者胃口的情况下，却没有履行对用户先前的承诺而失信于消费者。

赢在营销，输在失信

华帝的营销无疑是成功的，但华帝却没有在第一时间兑现承诺，展示一个企业应有的风范。

原本占尽天时地利，华帝借力世界杯一呼百应，仅花了7500万元就买下了世界杯的冠名。华帝世界杯营销无论从成本还是从效应来看都可以说是教科书级成功案例；却因为未按约履行而失信于民。据红星新闻报道，广东省中山市第二人民法院发布公告，裁定查封北京、天津华帝燃具销售有限公司以及天津华帝燃具销售有限公司的财产，整个京津地区华帝线下销售、售后服务工作一时全部停止。

退款条款的文字游戏和经销商的两难

华帝世界杯套餐退款流程存在许多漏洞。广告标语写的是退全款，线上却给消费者购物卡，且只能用于本电商平台。这是一种为电商平台导流的方式，购物卡使用也有一定限制，交易完成开完发票才能退款。有消费者拿着订单和发票去退款，却被告知需要提供购买协议才能退款，但购买时商家并没有说明需要签署协议。

华帝线上渠道的退款责任由销售区域经销商承担，这直接导致经销商跑路或退款受阻。经销商跑路受损的不只消费者，还有员工的利益；许多人的工资不能照常发放，一连串的连锁效应致使华帝在泥潭中越陷越深。另外，经销商由于承担不了较大额度退款或者与总部的沟通不畅导致退款问题愈演愈烈。

成功或许偶然，教科书式营销走下神坛

华帝世界杯营销无疑是成功的，为什么转瞬之间，华帝反而成为众矢之的？原因是多方面的，主要问题出在执行上。

华帝为世界杯营销下了一场赌注。下赌之前，谁也不会料到法国队最终捧起大力神杯，华帝甚至没有准备好营销的下半场。所以说，这是一场几乎没有计划的营销。据华帝的经销商透漏，华帝赌法国队不会夺冠，并千方百计引导用户购买华帝夺冠套餐，完全没有考虑法国队可能夺冠的情况。这导致后续活动中的手足无措，进而导致用户退款问题。无心插柳柳成荫，法国队夺冠反而成就了华帝，华帝的成功带有偶然性。

华帝营销成功了，结果却适得其反。

第十章　智能机进化之道

第一节　国产智能机的“新三角”

渠道战争——从线上到乡镇

线上战场，小米第一个吃了螃蟹，是“粉丝经济”的最早推动者和最大受益者。移动互联网崛起时，小米以 C2B 模式打开产品体验缺口，反向痛击用户需求；狠抓用户红利，玩转社群经济。聚焦年轻用户，展开期货营销，价格战打得很响。4 年时间小米一骑绝尘，曾以“站在风口上，猪也能飞起来”而名声大噪的小米创始人雷军，成为中国 C2B 模式的开创者。

华为的技术、渠道、资源纵贯全球。华为以通信为根基，由技术始，开渠道，积资源，30 年矢志不渝，脚踏实地，辛勤耕耘，终于超越小米顺利登峰。华为的超越证明，风口已去时，长久深耕才是王道。小米占据风口，华为则一步一个脚印，从线下到线上，自然衔接。

OPPO、vivo依靠微创新和乡镇战略强势逆袭，自始至终深耕线下渠道，兼顾线上；尤其在三、四线城市，OPPO、vivo早已布下棋局，相比其他厂商走得更远。在不起眼的区域悄然起步，在智能机泛滥的红海时代，先人一步。

用户战争——由忠实用户到全体消费者

小米的用户社群，用户为王；华为的自主创新和自我创造，产品领航；OPPO、vivo默默耕耘，纵深三、四线城镇。国内手机市场依次演绎了国产智能机的用户争夺战。当今全球智能机领域，中、美、韩三足鼎立，华为小米对标苹果，OPPO、vivo对标三星。三星手机以多机型、多花样、多屏幕满足了各年龄层次用户的需求；苹果手机以质感设计，极佳的体验赢得高端用户的青睐。

国产智能机厂商的优势在于用户战略的多样性。三星和苹果等美韩体系智能机厂商一般注重手机产品本身，渠道一般以一、二线城市为主，远未触及用户基数庞大的三、四线城镇。三、四线城市消费能力稍弱的区域，中低端国产机深得民心，这是OPPO、vivo强势逆袭的根本源动力。

国内市场，美韩体系苹果、三星、LG等智能机逐渐被小米、华为、OPPO、vivo等国产智能机甩在身后。

媒体战争——从全面到特写

在媒体策宣上，华为、小米、三星、苹果凸显全功能理念，OPPO侧重闪充长待机、高像素拍照。第一个拿下朋友圈广告的vivo和OPPO手机以音乐为出发点，侧重于音乐功能。媒体宣传侧重点从全面到特写，区别于以往。以细节彰显特色，解决用户对特定功能的需求，以此锁定特定用户。

小米“为发烧而生”、华为“至美国际范”“超强工艺”，三星“有所感，有所为”，苹果“岂止于大”，都是宏观层面的宣传，其间对于功能、用户并没有针对性宣传。但OPPO、vivo独辟蹊径，从小处入手，锁定特定人群，持续关注全新区域，从而改变消费者的消费决策，如朋友圈广告、地铁广告、综艺娱乐节目、三四线城镇。国产手机厂商的差异化战略，帮助其在智能机红海脱颖而出。

媒体策宣是战术路径，关系怎样到向用户表达品牌，理解其需求，进而影响消费。

体验战争——从灌输到情感认知

三星、苹果、华为以技术、硬件见长。小米将情感营销玩到极致，故事讲到疲惫，体验玩到尽兴，然过多依赖情感。倒是OPPO、vivo“随风潜入夜，润物细无声”，春风细雨化解了小米式虚火，在智能机红海市场悄然崛起，让老牌智能机厂商深感压力。直击用户的需求，创新新路径和发掘红海市场新红利，这是国产智能机发展的新方向，更是后智能机时代的新机会。以某种方式唤醒用户的情感认知，满足用户体验式、实用性需求，势在必行。

第二节　苹果机的衰落

iPhone7的优势有三：手机变防水了，耳机没有线了，拍照效果更佳了。这些称得上是苹果的创新，只是苹果在创新上开始做减法。

用户变得理性，苹果却失去“逼格”属性

一位家庭条件一般的朋友，日常节衣缩食，购买iPhone手

机却毫不迟疑。我问他为什么，他说为自己撑起一个“门面”。

曾几何时，苹果机就是身份的象征，是“逼格”的高配。而今很多人对 iPone 已没有太大的兴趣，消费者逐渐回归理性。在智能机高频消费领域，苹果机早已失去其“逼格”属性，智能机市场进入理性消费阶段。

苹果疲态尽显，国产智能机群雄并起

号称科技圈“春晚”的苹果机发布会，到 iPhone7 已历经 9 个年头。苹果凭借极致创新和恒久品质追求，在高端智能机领域以“工匠精神”为高端商务人群打造专属的“智能器官”。独辟蹊径，匠心独运，在高端智能机领域，成就之伟，实属罕见。自 2007 年首次问世，苹果机已在全球售出 10 亿台。随着全球销量的持续下滑，尤其在中国市场的全面落败，苹果疲态尽显。由市场对 iPhone7 发布会的反应，我们可窥全貌。

根据 TrendFroce 公布的全球智能手机出货量排名，中国智能机市场的格局已经变为华为、OPPO、vivo、联想、小米领跑。随着小米的迅速崛起，华为的顺利登顶，vivo 的扩张和强势逆袭，苹果、三星在中国的市场份额逐渐被压缩，尤其是苹果。

高频消费领域，高端智能机难以为继

在高频消费领域，中低端智能机更有市场。喜新厌旧，频繁更换手机似乎已成为年轻人的普遍需求。智能机经过红海大战，蓝海市场已经非常渺茫。用户对功能和体验的需求已经不再刚性，智能机的创新套路大同小异。iPhone7 因为创新没有震撼到用户，其高端机的工匠标签受到影响。高端机的功能和体验价值不再是用户的真正需求，性价比成了第一选择。中国智能机厂商更擅长产品性价比打造。小米、乐视、OPPO、vivo 是中国式智能机的革新者，它们的迅速崛起给中国智能机贴上靓丽的标签。

苹果机的高端，在于极致，让用户不断期盼新的体验和惊喜。但每年一度的苹果手机发布会，已无法触及用户的期望值。即使还算完美，但依然美中不足，这是苹果无以为继的症结所在。在高频消费领域，苹果机已无优势，高价格成为拖累。说到底，智能机市场竞争已进入下半场，硬件将随着软件服务水平提升而贬值。搭载更加开放的互联网服务高性价比手机将成为常青树。

第三节　游戏：手机市场下半局

仔细观察当下的手机市场，会发现一个明显的现象，高配低价盛行，特色功能层出不穷。多个摄像头，前后 2400 万像素，全面屏、折叠屏、齐刘海外观，人脸识别、屏下解锁、指纹支付，花样玩尽。大内存、人工智能系统让手机更加人性化。

一线手机品牌招数使尽，似乎断了二线手机品牌的出路。如何获得一线生机，是二线手机品牌面临的紧迫性问题。

游戏手机的导火索：手游市场

手游市场的火爆需求成为游戏手机爆发的导火索。王者荣耀、绝地求生、荒野行动等游戏的大红大紫，显示了手机生命的绵绵不息。随着移动互联网的盛行，游戏的载体渐渐从个人计算机转向移动端。手游成为年轻用户茶余饭后的谈资，繁忙工作的调节剂，打发都市白领碎片时间的方式。

腾讯、网易等游戏巨头聚集了千千万万年轻用户，这些用户显然是游戏手机的潜在用户。游戏这种休闲娱乐方式对手机的配置、性能、甚至外观、手感、体验均有要求。高配版的手机不一定符合玩家的标准和需求，功能不一定齐全，体验也不一定好。真正的游戏手机在配置、外观，甚至游戏的某个特定领域，有着某种气质和内涵，才能真正满足游戏玩家的真实需求。

游戏给手机提供了一条出路，就是从游戏内容入口打开手机市场的缺口，为游戏玩家定制生产手机。这样的手机必然会成为一种基于游戏用户群体的新型手机。在泛娱乐市场，游戏与娱乐、文化创意产业的融合是未来商业的绝对入口。以游戏作为切入点打开基于泛娱乐文化产业的生态链，基于游戏手机形成特定的行业生态产业链，对整个手机产业、游戏产业都将是一场跳跃和进化。

二线品牌的新出路：垂直市场

垂直细分市场一度是切入整个市场的妙方良药，即使在已近饱和的成熟行业。细分领域可以纵深切入，深耕到底，直抵某领域的核心。美丽说和蘑菇街两个女性垂直细分电商市场迅速火爆，成为后起之秀；职业社交网站脉脉声名鹊起；互联网"招聘网站"拉勾网已然傲然江湖。

同样，二线手机必须走差异化战略才有逆袭的可能，以黑鲨、努比亚、360为代表追逐游戏性能的手机产品正在火速兴起。小米投资的黑鲨游戏手机打着生为竞技的口号；努比亚红魔电竞游戏手机使用游戏专属的黑科技；360为游戏手机配备了专属的游戏特权，为游戏玩家配备了专属的私人特权，这显然是基于游戏人群的一种定制。

二线手机品牌为打造差异化卖点游戏角度突围，占领细分市场，是小企业一贯的战略战术。专属配置、专属特权，专为游戏玩家私人定制的手机在市场上还极其少见，目前还是一片蓝海。手游市场将带动手机市场的二次分配。

OPPO、vivo以拍照功能，打开一片市场；区块链手机Lenovo S5、长虹R8麒麟、HTC强势兴起；华为、小米的AI手机持续赚足眼球。垂直细分市场从细微处突破一线品牌的安全防线，重获新生，甚至会成为一线品牌的取代者。

第十一章　巨头进退

第一节　今日头条加速全球化

2018年5月，张一鸣首次以“字节跳动”首席执行官的身份露面，坐实了“今日头条”更名事实。根据今日头条官方回应，公司并没有改名，一直叫字节跳动，“今日头条”只是旗下的一款产品。但改名事件向外界传递了一个信号，那就是字节跳动公司要全面布局各大业务，完善其业务生态版块。根据字节跳动的海外战略，字节跳动将会对海外市场做进一步扩展。

更名之因

改名只是张一鸣的战略之一。今日头条只是字节跳动公司的主力产品，其旗下还有抖音、火山小视频、内涵段子、悟空问答等优秀产品。由于公司名称的原因，一直被外界误认为字节跳动公司只有今日头条一款产品，这对树立企业形象很不利，影响其业务扩展和海外发展。

另外，今日头条公司2018年以来，负面新闻不断。因为虚假广告、低俗内容遭到重罚；因在二、三线城市上线违规“二跳”广告被央视曝光；抖音涉嫌传播造假视频被央视曝光；还有火山小视频被曝对青少年产生身心伤害；国家市场监督管理总局公布的2018年第一批典型虚假违法广告案件中，今日头条名列其中。

由此，我们自然会认为，字节跳动公司改名是为了减轻舆论带来的压力，重塑企业形象。当然，改不改名不会影响字节跳动的行业布局，也不会影响其全球化部署。

企业更名的典型案例

如今的科技巨头谷歌也经历过和今日头条类似的改名事件。

很长一段时间，阿尔法特公司都以其主营业务谷歌的名义存在。随着阿尔法特非核心业务不断增加，企业的组织结构变得非常复杂，核心业务和非核心业务很难界定。无论是公司内部还是投资人，都认为这样的结构不利于企业的继续扩展。于是2015年8月，谷歌宣布将公司改名为阿尔法特，谷歌披露的业绩将分成两块，一块是核心业务，另一块是非核心业务。

首席执行官佩奇解释说，重组公司的主要目的是扩大管理范围，独立运营一些并不是十分相关的业务；新公司名称阿尔法特是语言文字字母的集合，而语言是人类最为重要的创新，也是谷歌搜索的核心。佩奇表示会尽力给投资者带来回报。

大公司的改名策略关系到企业长远发展，字节跳动和阿尔法特一样。

随着业务扩张，用"今日头条"一个产品来命名整个公司确实不合时宜，不利于管理和投资。

第二节　美团和滴滴的战争

新兴巨头滴滴和美团作为中国最大的两家O2O平台，在外卖市场和打车市场展开激烈的二次市场份额竞争。通过向用户、商家和车主发放补贴方式抢占市场，虽被监管部门及时叫停整改，但暗中角力仍在持续。

滴滴、美团明争暗斗

滴滴和美团作为两家O2O平台，都是各领域的佼佼者。美团近几年由于业务扩展，开始不断地向其他领域拓展，网约车市场的火热使美团也想分一杯羹。但从美团的业务版块来看，美团不可能颠覆网约车市场，也就是说，美团并未打算完全吃掉滴滴。而滴滴进军外卖市场是一种“围魏救赵”策略，目的在外卖市场对美团施压让美团放弃网约车市场。

市场竞争见怪不怪，“1 毛钱吃炸鸡、1 块钱喝奶茶”“满 20 减 18”等优惠活动频频出现。滴滴、美团不惜花费巨资笼络网约车主和用户，由于监管不严，甚至出现恶意刷单情况。双方凭借雄厚财力和后台支持，一场价格拉锯战在所难免。大战即将进入白热化，南京市主管部门随之叫停了这场补贴战争，并多次发文强调“不得以低价扰乱市场，鼓励行业良性发展，重视安全体验效率，把资源投入到技术和服务上，以此来更好地服务用户”。可以说是一出没有顾及市场影响的闹剧，以“烧钱”的方式笼络消费者对市场的健康发展终无益处。

充斥着巨大不确定性的价格补贴战很可能会带来双输的局面。对企业来说得不偿失，对市场的健康发展也极为不利。

滴滴如何防御？

美团推出美团打车，直接挑衅滴滴，补贴大战引起各界关注。

滴滴的外卖布局有些“尔要战，便战”的豪气。自从美团网约车服务在南京上市，市场份额迅速上升，让滴滴感到空前压力。不过滴滴的防御也很及时，随即开启了外卖业务。补贴战迅速上演，一个要守住市场，一个要抢占市场。

滴滴外卖拟在全国九大城市进行布局，包括无锡、南京、长沙、福州、济南、宁波、温州、成都和厦门。在百度外卖以8亿美元出售给饿了么之后，国内外卖市场是美团和饿了么两家独大。滴滴是饿了么外卖平台的股东，滴滴出手后，饿了么很有可能会联手滴滴外卖围剿美团。届时美团定会面临不小的压力。

美团打车何去何从?

滴滴接连拿下快的、优步中国之后，网约车市场暂归平静。不过平静没有维持多久，中国网约车市场新一轮攻防战接踵而至。

美团看到了网约车市场"钱景"、开始涉足网约出行市场。高德紧接着宣布进入顺风车领域，携程也悄悄获得了网约车牌照。在竞争的市场环境中，很难讲守擂者和攻擂者谁具有优势。美团由于具有庞大的用户基础成为滴滴心头之患。

笔者认为，美团要在网约车市场和滴滴抗衡异常困难。其一，网约车市场不像外卖市场灵活，其受市场监管部门的强力约束，相关部门希望行业维持稳定。从 2016 年滴滴和 Uber

“烧钱”大战之后市场归于暂时平静，相关部门并不希望破坏这种稳定，对美团打车势必以更强的限制。其二，网约车市场门槛较高。美团要进军网约车市场，必须拿到网约车经营牌照，而网约车经营牌照的申请程序相当烦琐。其三，美团的竞争压力大于滴滴。美团在外卖市场长时间受到饿了么威胁，能否放开手脚进军网约车市场尚不确定。而滴滴在外卖市场上只需维持，同时滴滴在网约车市场依然具有用户基础。

第三节　小米：沟通生态链核心

小米已于2018年5月2日在港交所递交上市申请，预计集资100亿美元。早在2014年，小米已经成为全球第五大智能手机供应商，估值一度超过400亿美元。

经历了一段时间的市场疲软之后，如今小米重新回到巅峰。业绩增长份额不再由智能手机销售带动，而以智能硬件为主。涵盖硬件及家庭服务产品的全新生态链品牌，通过持续的线上线下销售渠道发力，小米的销售链涵盖了笔记本电脑、电视机、蓝牙耳机、扫地机器人、智能手环等；同时包含众多在线业务如游戏平台和贷款服务等。可见，小米的目标是要打造成一个世界级智能硬件平台。

雷军曾做出承诺：小米硬件利润率永远不会超过5%；如

果超过，多余的部分将通过合适的方法返还给消费者。

这句承诺似乎是一个信号：小米的盈利点不是硬件制造。雷军多次回应媒体称："手机硬件不挣钱，依靠后期互联网业务和增值服务挣钱。"小米利用手机作为用户流量的切入点，全面布局小米生态，进军多个市场领域，包括地图、影视、智能家居、互联网金融、移动安全、新媒体、电商、手游等。小米的生态圈日趋完善，除了智能手机市场外，小米在自身生态圈内的多个领域也站稳了脚跟，成功地向外界宣告了小米的模式和企业定位。在这个关键节点完成首次公开募股，不仅可以巩固小米庞大的生态圈，而且进一步扩大其在国内外的知名度，为海外加速扩张创造了条件。

外界对小米上市后的估值达到1000亿美元至2000亿美元，甚至有人预测雷军会成为中国新首富。小米的庞大体量，一方面是因为母公司运营得当；另一方面是由于小米旗下的不少公司都已经上市，如万魔声学在A股的高价买壳、华米科技在美股的高调上市。这些都为小米的市值打下了基础，也为其上市铺路和预热。

面对国内智能手机市场的饱和状况，许多企业纷纷将业务向海外扩张。小米也不例外。小米要进一步扩大海外市场，和华为、联想等老牌对手竞争，必须拥有国际知名度、雄厚的资本、更多的海外合作伙伴；而上市可以很大程度上解决这些问题。

上市后的小米得到的不仅是市场的红利，而且伴随着更大的挑战和竞争。

挑战一：小米在招股书中提到，“未来可能无法赚取利润，并且预计日后成本及开支金额会增加，原因是业务的持续扩张，不断加大技术投资，营销费用的上涨等。”相关人员也提到了“若不能提高经营利润率，日后可能出现持续亏损”。

挑战二：如何明确定位。长时间以来，外界对小米的印象是一家智能手机制造商，公司硬件生产和收入始终是主导。但雷军认为“小米是一家创新驱动的互联网公司”。如何客观定义小米系的价值？它是优秀的多产品硬件厂商，创新的零售渠道商？还是梦想的全球最大智能硬件物联网平台商？若小米不能明确自己的定位，那么诸多麻烦必会如期而至。

小米首次公开募股对智能手机行业产生的重大影响有两个。其一，许多智能手机企业效仿小米模式。小米推出了高性价比手机后，一方面打压了手机市场的原有价格标准；另一方面增加了国产手机的国际影响力。众多手机厂商纷纷走“小米路线”，采用高性价比模式，营销方式上也开始借鉴小米。其二，粉丝经济的威力进一步扩大。小米在不到 3 年的时间里跻身百亿元俱乐部，雷军坦言“粉丝经济是小米手机成功的要诀之一”。向普通用户卖一部手机，这笔生意就算结束了；可是对忠实用户销售出一部手机，生意才刚刚开始。用手机把忠实用户聚集起来，再进入盈利模式，这是小米的核心策略之一。

小米已开始在智能硬件以及以智能硬件为基础的产业链上构建自己的生态系统，生态俨然成形。

第四节　虚火"特斯拉"

打着新能源、互联网电动汽车旗号的特斯拉市值突然蹿升，超越老牌传统车企福特和通用，位居美国汽车股市值第一。

有人说以特斯拉为首的新能源电动汽车将垄断汽车市场，实则不然。特斯拉市值第一的背后隐忧重重，外强中干，被捧上天的特斯拉其实是只纸老虎。

概念不足以支撑其称雄

不可否认，特斯拉这个背靠硅谷，依靠新能源电动汽车概念，凭借强大资本支撑的汽车新秀，掀起了一场新能源电动风暴，引发了一场世界性电动汽车新概念狂潮。

但这些仅仅建立在概念基础之上。深层次的精工制造、系统工程平衡稳定性、舒适性和安全性……特斯拉远未触及。这成为其致命软肋，决定其无法从技术根基上突破传统汽车的界限，实现真正的汽车工业革命。

借助新能源风口，倚仗互联网智能交互新元素，特斯拉的确已实现和传统汽车差异化上战略超越。

但这仅仅是概念和外表上的，难以成为其称雄市场的资本。特斯拉市值的突然蹿升与其概念革命密不可分，其只是在玩一场拼装游戏而已。特斯拉从根本上忽视汽车产品的系统根基、性能体验之主导性，连最基本的技术制造都倚仗服务商来完成。

虚高的市值无法掩盖真相

500亿元的市值，对于一个刚刚上路的汽车企业来说，绝对惊艳。但细细观察，维持其市值的只是资本的拉动，背后却是无止息的亏损。

特斯拉极速蹿升的市值背后是新能源概念。特斯拉首席执行官埃隆·马斯克正投资于未来的汽车、家用电力和清洁能源——就在我们眼前。

在特斯拉忠实支持者眼里，这家公司的未来无可限量。长期看好特斯拉的摩根士丹利汽车分析师亚当·乔纳斯曾发布报告，称特斯拉的总目标市场高达15万亿美元。这个惊人的数据相当于全球所有国家GDP总和的20%。

充满想象的未来和空虚寂寞的现在成为特斯拉市值背后的窘境。依靠硅谷背景，马斯克获得商业生态圈强势资源资本的支撑。特斯拉在技术、新能源、工厂建设、充电基础设施建设，甚至运营消费等方面开启了“疯狂烧钱”模式。无止境的投入和难以量产让特斯拉始终处于尴尬境地，入不敷出在所难免，虚高的市值掩盖不了真相。

难以量产成为其心头之痛

特斯拉在新能源技术上或许无人匹敌，但掩饰不了其性能体验、设计技术、安全舒适性等根本性缺失。

数据显示，特斯拉所申请的核心知识产权大都与电池安全控制系统相关，包括电池冷却系统、安全系统、电荷平衡系统等。此类专利数量达数百种，但基于性能体验、工艺制造、内部设计等方面的技术专利，特斯拉竟无一斩获。

特斯拉将传统汽车拥有的基本技术寄希望于零件供应商，特斯拉用的是中国台湾富田电机、中国台湾和大工业减速齿轮组、日本松下非动力锂离子电池……就连非核心零部件都来自采埃孚、麦格纳、西卡、原田等国际知名汽车零部件巨头。技术上的严重匮乏是其难以量产的根本原因所在。

在基础技术和基地建设上，特斯拉颠倒了次序。像一个偏科生，不知道弥补短板，一条道走到黑。

互联网造车非一日之功，特斯拉行不通

特斯拉有一个撒手锏，就是传统汽车无法比拟的加速度。由于特斯拉电动机一开始就倾其全力，其加速度远远大于需要进入最佳工作状态才能输出最大功率的汽油或柴油发动机。比电动机加速度更快的是，特斯拉欲借新能源、太阳能板、储能设备和资本故事弯道超越传统车企，意以概念革命和资本故事对传统车企“以快制慢”。

然而，罗马非一日建成，造车也绝非一日之功。传统车企百年技术积淀，性能之强劲，安全之根基，非特斯拉几载概念革命、资本故事所能冲击和动摇的。有人将特斯拉和传统汽车企业的竞争类比为谷歌和苹果之争，实则并非可比。谷歌和苹果分别建立在井水不犯河水的自建系统之上，一个开源纳流，一个闭门灌溉，殊途同归。

互联网车企和传统车企原本属于历史迭代关系，以特斯拉领衔的电动汽车必然是传统车企未来的路。然而特斯拉却未曾从传统车企的性能体验、工艺制造、系统平衡性等基础性能发力，只是欲借概念革命和资本故事称雄市场。这绝非喜讯，反而释放了未曾有沉淀技术根基的危险信号。

失去技术先发优势的特斯拉，不具备取代百年传统车企的

资本。虚胖的特斯拉更需要痛定思痛。

在最基础的技术面前，特斯拉还是婴儿。在决定生死的战略面前，特斯拉仍保持着初生牛犊不怕虎的拗气。概念革命成就不了一个新的产业，资本虚火更成就不了一个需要工艺品质沉淀的特斯拉。一切刚刚开始，特斯拉需从长计议。